ESSAI

SUR LA DISTINCTION DES BIENS.

» L'ouvrage offert au public sous le titre d'Essai sur » la distinction des biens, présente le résumé le plus « complet de ce qui a été dit sur cette matière.

» Il est à regretter, toutefois, que l'auteur se soit borné » à toucher trop sommairement la discussion de questions importantes, par exemple : il est intervenu entre » MM. Troplong et Duvergier, dans la fameuse question » de savoir si le bail donne le *jus in re*, ou seulement un » droit personnel. Son avis est donné en trop peu de lignes, s'étant produit après les grandes discussions qui » ont éclairci ce point de droit.

» En faisant l'énumération des biens il arrive aux offices vénaux, là encore il y a beaucoup de choses; » mais nous pensons que si l'auteur au lieu de vouloir » faire du nouveau, et de s'en fier à ses forces avait suivi » la voie tracée par ses devanciers, il aurait été plus » complet; cependant il n'aurait pas été plus vrai.

» On remarquera la dissertation relative à la propriété » littéraire et aux brevets d'invention l'auteur est sorti » des sentiers battus. Les auteurs et les inventeurs lui » semblent assez payés par l'honneur que leur attirent » leurs ouvrages et leurs inventions. Cette opinion toute » nouvelle dans un livre de jurisprudence, marque une » grande indépendance dans les idées de l'auteur.

» C'est surtout, par là que cet Essai se recommande, MM. Championnière, Hennequin, Duranton » et tous les autres sont passés en revue. L'auteur remonte » le plus souvent à la source. Les solutions qu'il donne » sont toujours éclairées par le rapprochement de la discussion du code civil au conseil d'état.

» Cet ouvrage sera, en définitive, d'une lecture indispensable pour les notaires, les employés de l'enregistrement et les avocats. Les difficultés qui surgissent » chaque jour dans l'application des articles 517 à 537, » du code civil sont sagement résolues dans cet écrit où » l'on trouve aussi des idées philosophiques d'une haute » portée. »

P. D.

ESSAI

SUR LA DISTINCTION DES BIENS

PAR M. F. MALAPERT,

avocat, docteur en droit.

PARIS,

A. DURAND,

3, rue des Grés-Sorbonne.

1844

CIVRAY, J. SERPH, IMPRIMEUR.

Si je cherchais où se trouve le fondement du droit, la nature ne me présenterait pas un point de départ suffisant pour que je crusse pouvoir y placer la base de mes raisonnements.

Cependant les Philosophes du siècle passé se sont accordés entre eux pour nous prêcher la loi naturelle. Nous avons encore aujourd'hui une chaire de droit naturel, et tout cela m'oblige à répondre autrement que par une négation,

J'entends par le mot nature, l'universalité des choses créés et non la force qui a créé ces choses. Les encyclopédistes d'accord avec cette définition disaient: « On donne le nom de naturalistes à ceux qui n'ad- « mettent point de Dieu, mais qui croient qu'il n'y a « qu'une substance matérielle, revêtue de diverses « qualités qui lui sont aussi essentielles que la lon-

« gueur, la largeur, la profondeur et en conséquen-
« ce desquelles tout s'exécute impérieusement dans
« la natnre. »

Ainsi je sépare le droit naturel du droit divin, et pour ceux qui admettent le premier, le second ne peut exister.

Les adeptes du droit naturel feront nécessairement varier leurs solutions avec l'âge des individus à qui ils devront appliquer leurs règles. La constitution physique, le climat, seront autant de circonstances dont ils devront nécessairement tenir compte.

Avec ces prémisses ils doivent chercher comme le sublîme des lois, à réaliser la doctrine de l'utilité. En effet le mal ne sera pas mal par lui-même, il ne sera tel, que s'il blesse quelqu'un. Aprés cela on arrive à dire, avec l'un des interlocuteurs du dialogue de Platon, *de la république*, que la justice n'est que ce que la volonté du plus fort a voulu.

A mon sens l'homme ne s'est point créé lui-même. La nature ne l'a point enfanté dans un moment d'effervescence, il a été placé sur la terre par une volonté intelligente. J'admets encore la double nature de l'homme et c'est sur ces données, que je base mes principes. Si on me disait de les démontrer, je répondrais qu'ils sont évidents par eux-mêmes, et que l'évidence ne se démontre pas.

L'homme ne saurait exister si les rapports de l'âme et du corps ne sont pas maintenus dans un état normal. Si par droit naturel, on veut désigner certaines lois, mises en nous pour régulariser les rapports des deux éléments qui composent notre être, on sera bien près du système des idées innées, systè-auquel l'histoire récente de Gaspard Hauser a donné le plus éclatant démenti.

Le vrai, le beau, le bon nous sont enseignés par le hommes. Si les idées de justice, de droit et de devoir étaïent gravées dans nos cœurs au moment de notre naissance, nous n'aurions aucun droit de punir le malfaiteur. Ce serait un être mal conformé. L'harmonie préétablie de Leibniz, la vision en Dieu de Malebranche, tombent devant ces raisons pratiques.

Le sens commun a fait justice des erreurs de ces grands hommes, il y a déjà long temps ; et comme le disait il y a quelques années M. Jacques à l'académie des sciences morales et politiques, le sens commun est la pierre de touche où viennent s'éprouver tous les systèmes.

Je l'ai déjà dit tout s'apprend dans le monde. Le créateur nous a donné à cet effet de merveilleux instruments de communication. Le plus important est la parole d'où dérivent toutes nos connaissances métaphysiques, comme de nos sens toutes celles relatives au monde matériel.

Je ne sais comment raisonner, si je ne commence par admettre des axiones: Descartes disait ; je doute, je pense, donc je suis. Pour douter il fallait être, énoncer une telle proposition, l'écrire, c'était avouer son impuissance et dire ; je suis, donc je suis. Les différents termes de la proposition de Descartes sont identiques. Je n'admets point que cette affirmation soit fausse, elle ne choque en rien la raison ; mais je nie sa portée, et sa solidité comme point de départ, comme base d'un système de connaissance. En effet un homme dont la raison sera perdue, pourra se dire : je pense donc je suis. Dans un rêve on pourra suivre le fil de ses raisonnements et leur donner l'être car on sera, puisque l'on pensera.

Pour moi j'admets comme *criterium*, LA MORALE. C'est la voix de Dieu qui parle par la voix des nations, la révélation première se perpétue dans l'esprit des masses et j'ai foi aux vérités adoptée par tous les peuples.

Le nom même de la morale prouve mon assertion. *Mores*, n'a-t-il pas pour signification, *les usages sanctionnés par une longue expérience et approuvés par une société*. Ou comme le dit le dictionnaire de l'académie Française, *la morale est la doctrine relative aux mœurs*, c'est donc celle qui est d'accord avec les usages.

Le droit naturel ne peut être confondu avec la morale : celle-ci propre à l'humanité est le résultat du travail des siécles, celui-là immuable et toujours le même est commun aux hommes et aux êtres organisés. L'une est la loi des êtres raisonnables, l'autre le propre de la matière.

Un homme d'un esprit pénétrant, logicien par excellence, sceptique néanmoins, Pascal disait : « On « ne voit presque rien de juste et d'injuste qui ne « change de qualité en changeant en soi. Trois degrés « d'élévation du pôle renversent toute la jurisprudence. Un méridien décide de la vérité ou peu d'années « de possession. Les lois fondamentales changent, le « droit a ses époques. Plaisante justice, qu'une rivière ou une montagne bornent! Vérité en-deça « des Pyrennées, mensonge au-delà. »

Montaigne avait eu les mêmes idées. Certaines phrases de Pascal sont même tirées presqu'en entier de l'apologie de Raimond Sebond. Le philosophe de la fin du XVIme siècle, avait conclu comme le firent plus tard Pascal et Domat. Ils s'en fiaient à la foi. Ne pouvant expliquer certaines anomalies ils baissaient la tête et adoraient. De là au mysticisme la pente est bien rapide. En effet si la foi nous suffit, dans le cas où nous serons embarassés, nous nous draperons et nous nous endormirons dans le plus profond repos, avec le bon archevêque de Cambray. Le Quétisme sera une vertu ; je dis même la plus grande des vertus.

De tous côtés nous ne trouvons que des nuages.

Aujourd'hui l'horison semble s'être élevé. Il reste des obscurités à pénétrer et on peut dire que ce qui demeurera ignoré l'emportera dans toute circonstance toujours de beaucoup sur ce que l'on saura ; mais je pense que l'on peut donner la raison d'où procède cette diversité des lois, tant et si souvent objectée aux philosophes et aux moralistes.

Tout dans le monde tend a se perfectionner. Dans l'industrie ce point est hors de contestation, on ne saurait le nier non plus dans les sciences et les beaux arts. J'espère démontrer que la législation est soumise aux mêmes lois que les autres branches des connaissances humaines. Je ne donnerai pas à cette démonstration tous les développements qu'elle comporte, je serais obligé de copier des chapîtres entiers de l'introduction à l'étude de l'histoire de M. Buchez. Je vais seulement indiquer comment je m'y prendrais et quelle route je suivrais, pour faire cette démonstration, et j'espère que l'on y verra la cause dont procède ce contraste dont s'étonnait Pascal.

Si les hommes avaient tous les mêmes lois, les mêmes gouvernements, les mêmes idées, les mêmes besoins, ils arriveraient tous dans un même moment au même résultat. De même que les individus, les sociétés ont des caractères différents. Chez les unes le pouvoir absorbe la liberté ; chez les autres, la liberté individuelle écrase le pouvoir dont elle enchaîne l'action. De là des conséquences variées comme les causes qui les ont produites.

Dans une nation, un âge ne ressemble pas à un autre. Le mouvement semble bien parfois osciller comme le mouvement du balancier d'une pendule; cependant au moment où la réaclion cesse, on voit que l'on a gagné du terrain, que l'on s'est avancé vers un certain but, facile à déterminer après un certain nombre de mouvements et d'oscillations.

Il est une cause plus puissante que celle-ci pour dissoudre l'harmonie que l'on voudrait rencontrer dans la législation des peuples.

Dans ces derniers temps, au moment où toutes les sciences ont été condensées en corps de doctrine, on a cherché à résumer les enseignements de l'histoire, afin de pouvoir constituer une science historique. M. Buchez dont la méthode me parait la meilleure, est parti de cette idée que savoir était l'équivalent de cette périphrase : être à même de prévoir. Il a cherché comment une histoire étant donnée l'on pouvait arriver à prévoir les phases à venir de la vie d'un peuple. Il a trouvé pour guide la morale de chaque nation. Pour lui la réalisation de la morale est le but des sociétés. Il prétend que la morale d'une société étant connue, son but d'activité se trouve défini. L'on peut alors, dit-il, connaître facilement l'esprit des institutions de cette société, toutes tendant au même but.

Puis, cette auteur distingue la morale de l'humanité d'avec celle propre à chaque nation. Et tout d'abord quant à cette double loi à laquelle nous sommes soumis, nous la retrouvons dans les anciens philosophes.

Sénéque distinguait deux républiques, l'une commune aux hommes et aux dieux, l'autre propre à la société dont on faisait partie par la condition de sa naissance. (Gérard Noodt, *Probabilium juris civilis lib.* 1 c. 8, § 3).

J'essaierai plus tard en parlant de la morale des Romains et de celle des Français de mieux faire comprendre ce que je viens de dire. Mais si sans autre preuve on veut l'admettre, il en résulte que la morale de chaque peuple, c'est-à-dire, l'idéal que chaque peuple veut réaliser, doit apporter nécessairement de graves modifications aux lois de chaque nationalité.

Cependant il est des points de ressemblance que l'on peut partout retrouver. C'est que, comme je l'ai déjà dit, si les hommes forment des nations, celles-ci forment l'humanité, et qu'en dehors du but particulier des peuples, il y a le but général où veut arriver la race humaine toute entière.

Le fondement du droit est donc le but de l'activité du peuple dont on étudie les lois, et mieux encore celui de l'humanité toute entière. Puisque l'autre n'est qu'un fragment de la morale universelle.(*Introd. à l'étude de l'hist. t.* 1er *passim et p.* 393). Cette dernière seule nous permet de juger les lois des différentes nations. Le progrès est d'après cette théorie, un pas fait près du but où tend la société dont on étudie la législation. Par rapport à l'humanité le progrès est un pas qui nous rapproche de la morale universelle, ou comme disaient nos pères de la morale catholique.

M. Buchez démontre qu'une société n'est constituée que du moment où elle s'est imposé un but d'activité, où elle marche dans la vue d'atteindre la réalisation d'un idéal.

Ce problême n'est point étranger à l'étude des lois, puisqu'une société ne peut exister sans reconnaître certaines règles, tracées par elle dans la vue d'atteindre son but. Je n'essaierai point de suivre le savant philosophe dont j'ai adopté le systême dans les développements qu'il donne, mais si nous sommes fidèles à la règle chrétienne qui place le devoir avant le droit nous devons accepter cet théorie.

Le devoir pour tous les membres de l'association est de tendre avec elle au but commun : Le droit est la faculté de faire respecter notre libre arbitre, sous toutes les formes qu'il peut revêtir avec l'approbation de notre société.

Arrivant à déterminer le caractère de la loi, je dirai que la plus parfaite est celle qui est le mieux en harmonie avec le but de l'humanité. De là M. Lherminier a pu dire : La loi, c'est l'expression du bien moral.

La loi dans ce cas doit tout embrasser, tout saisir dans son étreinte, afin de tout prévoir.

Mais j'aurais dû, ce me semble dire d'où viennent nos connaissances, en déterminer la nature. J'ai eu soin de remarquer que la nature de l'homme, une en réalité, se compose de deux éléments: l'âme et le corps.

A mon avis les sens apprennent à l'esprit à connaître des rapports.

Souvent les hommes ont voulu aller audelà : Tous ont échoué. Mallebranche a conduit à Spinoza, une vaine curiosité conduit au ridicule. De nos jours M. De Lamenais retournant à Mallebranche a dit, que la matiére était la non matière limitée. Notre contemporain échouera comme son prédécesseur. Je ne prétends point faire de la matière, une chose existant par elle-même en dehors du créateur ; La création et la créature existent, je le sais, je le vois ; quand à les accorder je n'y songe pas plus qu'à faire accorder la prescience divine avec la liberté humaine, Cela se constate et ne se prouve pas par les règles de la logique.

Nous ne voyons donc que des rapports. Les idées elles-mêmes dont le nom primitif signifie images, les idées ne sont que des rapports naissant dans notre esprit en vertu de connaissances préexistantes.

Nous sommes mis par notre âme en rapport avec la divinité.

Nous avons des rapports avec nos semblables.

Nous en avons avec la nature matérielle.

Enfin, la relation de nos deux natures engendre des rapports de l'une à l'autre.

Une fois que le but de la société à laquelle nous appartenons est défini, nous devons chercher les moyens de l'atteindre.

Pour cela nous devons chercher à connaître les rapports qui nous unissent à notre créateur, à nos semblables, aux objets extérieurs et enfin ceux qui peuvent naître de notre organisation.

La théologie nous enseigne ce que nous devons faire vis-à-vis de dieu : la philosophie s'en occupe bien aussi ; mais la théologie entre dans une foule de détails qui échappent à la philosophie. Cette dernière science reniant son origine au lieu d'embrasser dans un vaste réseau l'ensemble de nos connaissances se perd d'ordinaire dans les discussions de questions indémontrables. Sommes-nous esprit pur ou matière ? Nos idées sont-elles produites par l'esprit ou par les sens? Tels sont les points principaux sur lesquels roulent les livres de nos modernes idéologues. Ils se placent ainsi hors du monde qui s'agite sans les voir, pressé de marcher dans la voie du progrès.

Le culte à rendre au créateur est quelquefois réglementé par des lois. Il est bon en effet qu'à certains jours donnés, les gens ayant même croyance, même devoirs, demandent ensemble les bénédictions du ciel afin de marcher plus vite.

Quant aux rapports qui naissent pour nous du contact de nos semblables, ils ont donné lieu à un grand nombre de lois, soit d'intérêt privé, soit d'intérêt public et général. Toutes les règles établies par l'autorité ont eu pour but de déterminer nos devoirs envers les hommes.

Il importe peu à la divinité que nous lui rendions un culte ; mais il importe à la société que nous ne protestions pas contre le vœu général. Sous ce point de vue, les lois qui règlent nos rapports avec Dieu naissent de notre frottement avec nos semblables.

Mais les gouvernements s'occupent peu des rapports qui naissent entre nos deux natures. Notre intérêt est de maintenir bien ensemble la matière et l'intelligence dont la réunion forme l'homme.

Quant aux choses, nous avons le pouvoir d'en abuser, le droit d'en user. Toutefois encore, l'intérêt de nos semblables limite notre action sur la nature matérielle.

On ne saurait donc faire des lois sur la manière d'user des choses si l'on ne s'occupait dans ces lois des personnes qui doivent en user.

Du reste toutes les choses sont désignées par le mot *biens ;* on le remplace quelquefois par celui de propriété. Il est bon de remarquer que la propriété est ce qui peut tomber sans l'administration, le pouvoir d'un individu ou d'une collection d'individus. Les choses que l'on ne peut s'approprier comme l'air, la mer sont en dehors de cette dernière dénomination.

Il n'est pas besoin de dire que l'on ne peut sérieusement mettre en doute l'existence du monde matériel. Nous le voyons, nous le sentons, il nous modifie à chaque instant, nous ne pouvons le nier. Le consentement de tous les hommes l'affirme. Sous peine d'être compté parmi les rêveurs les plus extravagants il faut l'admettre; car le nier, ce serait nier notre existence.

Tout ce qui tombe sous nos sens, tout ce dont nous pouvons avoir une idée, si ce n'est Dieu est compris sous la dénomination de *choses*. Cependant la définition du dictionnaire de l'académie m'a semblé matérialiste. La voici : « CHOSE, ce qui est. « Il se dit indifféremment de tout. Sa signification « se détermine par la matière dont on traite. » La définition de l'académie, compte Dieu parmi les choses, à ce titre elle me parait reprochable. Je dirai donc que l'universalité des choses de la création est comprise dans ce mot. Dans un sens plus restreint, le mot chose ne comprend pas les êtres intelligents. Ainsi les hommes ne sont pas ordinairement rangés sous cette appellation, on les désigne sous le nom de personnes, que l'on oppose au mot chose.

Cette opposition se trouve surtout dans la langue du droit, où l'on distingue entre le droit des personnes et le droit des choses. (Gaïus com. 2 § 1; Code civil rubrique du livre 1er). Il y a alors une troisième branche du droit à étudier, c'est celle qui traite des obligations, où l'on entre dans les principes qui régissent les rapports que nous avons les uns avec les autres, abstraction faite des choses.

Dans toute sociétés, les individus placés les uns près des autres ont leurs droits sans cesse bornés sans cesse limités par ceux de leurs voisins. Il a fallu prévoir les conflits, et établir des principes à l'aide desquels il fut facile de décider la plupart des difficultés qui peuvent se présenter.

Les lois n'ont pu saisir les pensées, soit pour les empêcher de se produire dans l'esprit, soit afin d'en régler la succession. On ne peut en saisir que la manifestation matérielle. La pensée est à tous, tous sans nous gêner nous pouvons nous emparer d'une idée, nous ne nuirons à personne. Plus nous serons au contraire ayant les mêmes principes et plus nous serons heureux. Tous nous pouvons nous emparer des produits de l'intelligence, et plus nous serons, imbus des mêmes croyances, et plus nous serons enclins à nous aimer les uns les autres.

Il n'en est pas de même de la matière, celui qui s'en empare en prive les autres. Autant l'esprit est sociable, autant le corps est dissociable. Aussi les hommes à haute intelligence sont-ils en général bienfaisants et généreux, tandisque les hommes à idées étroites dont l'âme est abrutie, sont égoistes, mauvais, vertueux autant qu'il le faut pour n'être pas atteints par le code pénal.

Tous les peuples ont réglé la manière de jouir des choses. La société d'institution divine n'eut pu subsister sans cela. Une communauté chimérique eut tout bouleversé, tout détruit. A Sparte même, malgré la nombreuse population des Ilotes, il a fallu établir la distinction du tien et du mien ; distinction enseignée par la morale et approuvée par la conscience.

Comme une société cesse d'exister au moment où elle ne reconnait plus ses tendances, toutes les nations ont apporté des bornes au pouvoir qu'elles laissaient aux individus: Toutes les législations ont cherché le moyen d'arrêter les abus qu'une volonté coupable peut faire des biens qui tombent dans son domaine.

Les choses doivent donc être connues, après cela il est facile d'en régler l'usage d'après le but où l'on tend.

On considère les choses en elles-mêmes, dans leurs rapports avec ceux qui les possèdent, et dans leurs rapports avec la société.

On a donné le nom de biens aux choses capables de servi aux besoins de la vie, ou de la rendre plus douce : *Bona ex co dicuntur quod beant, hoc est beatos faciunt, Beare est prodesse.* On n'applique qu'improprement ce mot aux choses qui nous sont plus nuisibles qu'utiles.

De la distinction des biens.

Quand nous regardons autour de nous, la première chose qui nous frappe, c'est de voir des êtres animés, d'autres au contraire qui ne le sont pas. Bientôt, un examen plus attentif, nous montre un autre phénomène. La sol reste seul immobile, tandis que tout s'agite autour de lui. Le règne végétal, les choses inanimées dont la terre est couverte, semblent bien être immobiles comme le fonds sur lequel elles reposent ; néanmoins l'hiver fait tomber les plantes annuelles, les années détruisent les arbres et les pluies détrempant le sol en changent toute la surface que l'on avait dabord considérée comme invariable. Nous mêmes, en creusant la terre, en la chargeant d'édifices, nous pouvons en changer l'aspect ; mais l'espace que nous avons vu reste sans cesse, il ne saurait disparaître. Plus tard, nous verrons naître de cet état de chose, la distinction des biens en meubles et en immeubles.

Afin de bien comprendre le droit actuel, il faut chercher quel fut le droit ancien, comment il nous est venu, et les causes de ses principales variations.

Je voudrais pouvoir parler de la législation gauloise, dont, sans doute, nous subissons l'influence en certains points à notre insu ; mais il nous reste si peu de documents sur l'époque antérieure à l'établissement des Romains dans les Gaules, qu'il est impossible d'en rien tirer de positif.

Aussi quand les jurisconsultes veulent remonter aux sources d'où dérivent nos lois, ils ont l'habitude de remonter au droit Romain : C'est que tous les peuples de l'Europe occidentale ont été soumis aux armes de Rome. Tous ont adopté les lois du vainqueur, soit par force, soit de bon gré. La France surtout a été régie si longtemps par la législation Romaine, que le droit des fils de Romulus est pour ainsi dire un droit national quant à nous. L'étude des corps de lois rédigés par les ordres de Théodose et de Justinien, n'a nulle part été poussée plus loin qu'en France. L'application que nos anciennes juridictions faisaient du droit Romain partout où les coutumes locales se taisaient, a contribué à le rendre encore plus Français, si je puis me servir de cette expression. De nos jours encore, on l'invoque pour la solution des questions douteuses, non comme loi, mais comme la raison écrite.

Nous devons toutefois nous garder d'adopter les rèsolutions du droit Romain avant de les avoir bien examinées, et surtout avant d'en avoir recherché l'origine.

Le but de la société Romaine, était de tout envahir par la guerre, le nôtre semble tendre au contraire, à l'établissement de la paix perpétuelle.

Rome aspirait à être la tête de l'univers. Les traditions religieuses retraçaient sans cesse aux Quirites le point où finirait leur tâche. Les traditions populaires, les lois, les mœurs, tout était en rapport avec ce but.

Romulus était fils de Mars. Après sa mort, il était disait-on, descendu des cieux, pour annoncer à ses sujets que le destin de la ville qu'il avait fondée était d'être la capitale du monde, la tête de l'univers. Il leur ordonnait de cultiver l'art militaire pour que nulle cité ne pût leur résister.

Lorsque Tarquin l'Etrusque voulut importer dans sa nouvelle patrie le culte de ses pères avec la pompe brillante des solennités de l'Etrurie, le dieu Terme et la déesse de la jeunesse ne voulurent pas abandonner leurs places. Cela signifiait que les bornes de l'empire toujours jeune ne pourraient jamais reculer. Telle fut l'explication donnée par les augures, de la résistance dont je viens de parler. Le tout fut appuyé d'un miracle. Jupiter ne put obtenir de régner seul au capitole. Il lui fallut subir le voisinage des deux immortels qui n'avaient pas voulu céder aux évocations du descendant des Lucumons, dernier roi des Romains. En creusant les fondements du nouveau temple on trouva une tête humaine dont le visage était encore entier. Les augures déclarèrent que cet édifice centre de la république des Rhamnés des Titiens et des Lucéres, deviendrait celui de l'univers

Les livres Sybillins donnaient pour bornes à l'empire des Romains, d'un côté l'Océan, de l'autre le Taurus.

La ville ne devait jamais être prise : Elle était gardée par deux talismans: le bouclier de mars et le Palladium qu'Enée avait apporté de Troie.

Les lois, je l'ai déjà dit, étaient conformes à l'esprit de ces croyances, qui du reste étaient communes à d'autres peuplades de l'Italie.

Le peuple avait foi dans ces prédictions. Il se montra toujours disposé à marcher contre les ennemis du dehors. La foi peut enfanter des miracles, aussi certains faits d'armes des soldats Romains tiennent-ils du prodige. Les notions qu'ils avaient de la vertu sont d'accord avec ces fables populaires. Nous voyons en effet que l'histoire exalte des hauts faits qui répugnent à notre morale épurée ; mais tous sont en rapport avec le but que la ville éternelle avait choisi. Que dirait-on de nos jours d'un Mutius Scœvola, ou d'une héroïne comme la fameuse Clélie?

Ce n'est pas une idée bien neuve que de rechercher ainsi les origines des lois et d'étudier le droit en remontant à sa source. Cicéron, dans le dialogue *des lois* établit, que les lois viennent de la nature; et il part de là pour les étudier. Ce n'est pas une nouveauté non plus que de voir tout d'abord le but où l'on tend avant d'entrer dans l'exposition des principes du droit: Cela est montré par Aristote en son livre *de la république* et sans sortir de Rome et même dans les pandectes, il n'est pas difficile d'en trouver des exemples ainsi Ulpien disait: » c'est avec raison que l'on « nous appelle prêtres, car nous sommes appliqués au « culte de la justice: Nous enseignons la science du « bien et du mal: Nous montrons la séparation du « juste et de l'injuste: Nous nous efforçons de rendre « les hommes bons en leur montrant les peines qui « sont réservées aux coupables, comme aussi les ré- « compenses que nous accordons aux vertueux. Si je « ne me trompe nous sommes les adeptes de la saine « philosophie, nous abandonnous la fausse. »

Puis donnant les bases d'une bonne législation il ajoutait: « La justice est la volonté constante et per- « pétuelle de donner à chacun selon ses droits.

« Les préceptes du droit sont ceux-ci : Vivre « honnêtement, ne blesser personne et accorder à « chacun ce qui lui appartient. »

Là ne se retrouve plus cette morale jalouse et exclusive qui dominait dans la Rome antique ; c'est qu'à l'époque où Ulpien écrivait, la philosophie Grecque avait envahi la reine du monde et que la croix brillant à l'orient comme un nouveau soleil, voulait unir tous les peuples dans un commun devoir. Au reste les prédictions étaient accomplies. Les Romains avoient conquis les Gaules, l'Espagne et posé les bornes de l'empire aux portes du Taurus. Cette société devait périr ou prendre un nouveau but d'activité.

Les principes posés par Ulpien sont entrés dans les commentaires de nos légistes. Doneau, pour ne pas parler des autres, a écrit. « La fin unique et dernière « du droit est de vivre justement. Et par ce mot « justement, on ne peut rien entendre autre chose « que cela, rendre à chacun ce qui lui appartient. » Cela était d'accord avec le but de l'humanité toute entière.

Si maintenant nous revenons à Rome, nous ne

nous étonnerons plus de ces formules rigoureuses, dont on a si souvent remarqué l'étrangeté. Partout le monde, dans les premiers temps de Rome, une même idée animait les esprits. Partout on regardait un étranger quelqu'il fut comme un ennemi. Tous disaient : ADVERSUS HOSTEM ÆTERNA AUCTORITAS ESTO.

Tous les peuples de cette époque, avaient un grand respect pour la religion; aucun d'eux ne l'a poussé plus loin que les Romains. Tout Patricien issu de parents unis d'après un mode propre aux nobles maisons, était apte à remplir les fonctions du sacerdoce.

Les grades militaires s'alliaient alors avec les charges de la magistrature. Les nobles étaient les seuls qui pussent en être revêtus. Ils gardèrent longtemps ce privilège en s'étayant de l'autorité des Dieux que seuls ils savaient honorer.

Par suite de ce respect, la première division des biens fut à Rome, en choses de droit divin et en choses de droit humain.

Les choses du droit divin, *divini juris*, étaient dites ou sacrées, ou religieuses, ou saintes.

Les choses sacrées étaient celles qui, avaient été,

en vertu d'une disposition législative déclarées telles, et qui par suite avaient été consacrées solennellement par les pontifes aux Dieux supérieurs. Après les cérémonies achevées, le lieu sacré ne pouvait plus redevenir chose du droit humain. Si les temples, demeures terrestres des habitants de l'Olympe, étaient brulés, saccagés, détruits par une incursion de l'ennemi, le terrain gardait sa qualité de terrain consacré. Il ne la perdait jamais, à moins que par d'autres cérémonies également aprouvées, on eut fait l'évocation des Dieux honorés dans le lieu sacré auquel on voulait enlever sa qualité. Par suite lorsque l'armée des Quirites se présentait au pied des murailles d'une cité ennemie, les chefs avaient coutume d'offrir, aux Dieux des villes assiégées, des autels plus riches, des temples plus brillants que ceux où ils étaient adorés. Quand Camille se présenta devant Véies, il fit sortir ses troupes en armes, consulta les auspices et s'écria : « Apollon, sous ta conduite guidé par la protection que tu m'accordes, je vais attaquer et détruire la cité des Véiens, à cause de cela, j'en fais le vœu, je te consacrerai la dixième partie du butin. Junon reine des cieux, maintenant habitante de Véies je te prie aussi, suis-nous dans notre ville, elle deviendra la tienne, viens y habiter un temple digne de ta grandeur. »

C'est à une évocation de ce genre, que le Dieu Terme et la déesse de la jeunesse avaient refusé de céder, le jour où Tarquin voulut leur faire abandonner le Capitole.

Il ne suffisait pas, d'avoir empêché la vente des choses sacrées, d'avoir ordonné qu'elles ne pourraient être engagées, acquises par l'usage, en un mot faire l'objet d'aucune stipulation, il fallait encore prévoir le cas où un malencontreux envahisseur, viendrait à bâtir dans le territoire consacré. Toute construction, faite dans une autre intention que celle d'embellir la demeure des immortels, devait être abattue. Je défends, disait le Préteur de faire ou de faire faire quoi que ce soit dans un lieu sacré

Les Dieux Mânes protégeaient la cendre des morts contre le violateur des tombeaux. Quand un cadavre avait été inhumé avec les cérémonies de la religion, tout ce qui avait été consacré aux défenseurs des sépulchres devenait religieux. Pour cela toutefois certaines conditions étaient indispensables; ainsi l'ordonnateur des funérailles devait être propriétaire du lieu où le cadavre était inhumé, ou bien il devait avoir obtenu du propriétaire et de tous les ayant droit, la permission d'y enterrer son parent, son ami.

Après cela, le terrain religieux ne pouvait être rendu à la culture ; cependant si le mort était enlevé de sa tombe pour être mis dans une autre demeure, les Dieux Mânes le suivaient et par suite le lieu religieux rentrait dans le commerce.

Ne semble-t-il pas en étudiant les lois, que l'on conçoit mieux les actions des héros de l'antiquité. Les traditions populaires et la mythologie brillent d'un nouvel éclat rapprochés ainsi des règles premières de la législation. Si l'on portait tant de respect aux Dieux nous ne nous étonnerons pas de voir qu'Anchise dans le sac de Troie n'a songé qu'à ses pénates. Nous comprendrons encore que Claudius Pulcher dut être battu par les Carthaginois pour avoir noyé les poulets sacrés.

Il faut revenir aux sépulchres. Les uns étaient destinés à toute une famille, d'autres devaient s'ouvrir pour les héritiers du fondateur. Les premiers étaient dits de la famille, les seconds héréditaires. Il y en avait enfin qui ne devaient s'ouvrir qu'une fois. L'affranchi et l'esclave, n'étaient pas exclus de la participation au culte des Dieux de la famille dans laquelle ils se trouvaient : de là leurs sépulchres furent protégés comme ceux des ingénus. Le monument vide jouissait dit Marcien après l'accomplissement des cérémonies, du droit accordé aux lieux religieux.

L'esclave et l'affranchi étaient comptés sur les registres du cens, on pouvait leur enlever sinon entièrement du moins en partie la tache que leur avait imprimé la servitude ; l'étranger était toujours l'ennemi, *hostis*. Les Romains foulaient aux pieds sans remords la cendre des barbares. Cela dura même après la conquête du monde, puisque dans les provinces un terrain ne pouvait devenir religieux, si l'on n'avait eu soin d'obtenir du Prince la permission de lui attribuer cette qualité. Il y avait de cela une autre raison, c'est que les cérémonies du Culte ne pouvaient avoir pour objet que la campagne Romaine.

Si les parents du défunt poursuivaient eux-mêmes le sacrilège profanateur d'un sépulchre, ils obtenaient une condamnation pécuniaire. Le dénonciateur désintéressé obtenait une condamnation de cent sous d'or, qui lui étaient payés par le coupable.

La société notait d'infamie celui qui avait insulté un tombeau. Si la vengeance avait poussé un individu à disperser les cendres du défunt ou à tirer le cadavre de sa dernière demeure, il était ordinairement condamné à mort s'il était pauvre, ou déporté dans une île, s'il était riche. La pénalité variait du reste suivant les circonstances, car on prononçait aussi contre le coupable, la rélégation ou la condamnation aux mines.

Il était défendu de faire des inhumations dans le sein des cités, comme aussi d'y allumer le bucher funéraire, où, d'après les croyances antiques, l'âme abandonnait enfin le corps qu'elle avait habité.

J'ai rappelé les principales dispositions des lois, relatives aux choses sacrées et Religieuses; il y avait une trosisième sorte de choses protégées comme celle-là par la Religion : je veux parler des choses saintes.

On entendait par choses saintes, les murs de la ville de Rome, ceux des colonies et des municipes, les remparts d'un camp, les limites des propriétés.

Rémus fut tué par son frère pour avoir franchi l'enceinte de Rome, le violateur des limites des propriétés était voué aux Dieux infernaux; quant à l'enceinte des camps elle était tracée par les augures, chargés de les orienter et d'en fixer la position.

Jamais théocratie ne fut plus fortement organisée que celle des Romains. Les Dieux intervenaient partout. Ils s'en allèrent quand vint la philosophie de la Grèce et tous se trouvèrent partis après la venue de Jésus-Christ. Caton, lui même, qui dans le dialogue *des lois* de Cicéron, s'étend avec tant de complaisance sur les choses religieuses, Caton disait qu'il ne concevait pas comment deux augures pouvaient se regarder sans rire. Il avouait qu'une régénération devait retremper les mœurs de son pays. Il devait en conclure que le vieux Patriciat solidaire des dogmes religieux des *gentes*, devait tomber avec la foi des peuples.

Les règles sur l'inaliénabilité des choses sacrées s'appliquaient aux choses saintes et religieuses. Toutes, si elles étaient prises par l'ennemi changeaient et redevenaient *res humani juris*, pour reprendre leur qualité première quand elles retombaient au pouvoir de la cité Romaine. On disait encore que ces choses n'étaient à personne et on les appelait ainsi *res nullius*, propriété d'aucun.

Les forteresses sont aujourd'hui dans le domaine

public; les morts sont enterrés dans des lieux spéciaux, tout cet ancien droit a disparu. Mais la vente des choses sacrées défendue en général, est devenue permise : pour le paiement des dettes de l'église, la délivrance des prisonniers, l'entretien des pauvres en temps de famine. Notre droit a varié sur ce point et il n'entre pas dans le cadre de cette thèse de donner le droit actuellement en vigueur.

Les choses laissées au droit des hommes, *res humani juris*, se partageaient en choses qui sont dans notre patrimoine ou choses qui n'y sont pas. Ces dernières étaient dites publiques. Dans les choses publiques on rangeait celles qui sont communes à tous, comme l'air, l'eau du ciel, la mer, la lumière : on y faisait entrer en outre les choses de la nation.

Les biens susceptibles de devenir propriété privée étaient dits dans notre patrimoine.

Les biens susceptibles de devenir propriété privée se divisaient en deux branches: 1° ceux dont on était propriétaire d'après le droit des Quirites; 2° ceux qui ne pouvaient être rangés dans cette classe, c'est-à-dire être régis par le droit civil des Romains.

Gaïus dit à ce propos : les étrangers n'ont qu'une

façon d'être propriétaires, ou ils le sont ou ils ne le sont pas du tout. Il en était autrefois de même chez le peuple Romain : ou on était propriétaire d'après le droit des Quirites ou on ne l'était pas du tout.

Les choses du domaine Quiritaire étaient celles qui étaient possédées par les citoyens Romains et inscrites sur les registres du cens. Elles étaient aussi appelées *mancipi*, les autres, *nec mancipi* ou *in bonis*.

Dans les temps de la république, tout citoyen Romain, capable d'être soldat, c'est-à-dire qui avait quitté les habits de l'enfance (*vesticeps*), jouissait des droits politiques, votait dans l'assemblée du peuple avec celle des classes dont il faisait partie d'après sa fortune, et pouvait acquérir les choses *mancipi*.

Tout ce qui pouvait être porté sur les registres du cens pour former le capital nécessaire pour prendre part aux délibérations publiques est aussi désigné par ces mots *res censui censendo*, chose à porter aux registres du cens. Ainsi cette expression me parait équivalente à celle-ci, *res mancipi*.

Lors de la fondation de Rome, la campagne environnante fut avec le sol de la ville partagée entre les trois tribus primitives. Seules d'abord les familles patriciennes, composant les tribus des Rhamnès des Titiens et des Lucères, participèrent au *commercium* ; c'est-à-dire au droit de vendre et d'acheter, ce qui est presque le droit de vivre. Les autres hommes, ne pouvant rien posséder, étaient des Parias dont l'existence mentait à la loi. Plus tard les bannis des autres cités, reçus dans la ville de Romulus où on avait ouvert un asile, se trouvèrent assez nombreux pour former un corps. On donna à cet ensemble le nom de Plèbe. Peu à peu l'importance de ces nouveaux citoyens grandit. Servius obligea les Patriciens de pactiser avec eux, et bientôt les luttes incessantes entres ces deux ordres, dans le but d'arriver à l'égalité, amenèrent des rixes sanglantes. Ces dissentions se sont enfin terminées par le triomphe de la Plèbe, qui se soumit au joug des césars, préférant un despote à mille tyrans.

Il est impossible de voir clair dans les premiers temps de l'histoire. Des brouillards intenses couvrent le berceau de toutes les institutions ; aussi sera-t-il toujours impossibles de répondre d'une manière satisfaisante à ceux qui demanderont à quelle époque se firent les distinctions entre le domaine Patricien et le domaine Plébéien. Toujours est-il que les lois des XII tables, transaction faite entre les deux castes rivales, consacrèrent le droit des Plébéiens d'être propriétaires d'aprés le droit des Quirites : Peut-être l'ont elles établi.

Les recherches dont le but est de fixer ces points, sont de trop longue haleine et de trop longue discussion pour que je puisse les rappeler ici.

Mais ce qu'il faut noter, c'est que la loi des XII tables contenait la distinction des biens en *mancipi* et en *nec mancipi*.

Les premiers pouvaient être saisis, au moins fictivement, avec la main, *manu capi* : C'est dit-on l'origine de leur nom.

Le territoire de Rome proprement dit, fut seul d'abord soumis au cens. Les terres conquises appartenaient à l'état, elles ne pouvaient être la propriété des particuliers. On les nommait *ager provincialis*, c'est-à-dire campagne des vaincus, ou *ager publicus* campagne publique. Le domaine des terres publiques restant à l'état, on disait qu'elles n'étaient pas *mancipi*.

Quand après la guerre sociale, les lois JULIA *de civitate sociorum* et PLAUTIA *de civitate*, eurent accordé le droit de cité aux villes amies de la vieille Ausonie, le territoire *mancipi* s'accrut de beaucoup. La rigueur de l'ancien droit fléchissait devant l'impérieuse voix du droit des gens, qui tôt ou tard ramène les peuples dans les voies de l'humanité. Bientôt après, le droit de cité ayant été donné à la Gaule Transpadane, presque toute l'Italie fut dite *mancipi*. Les colonies Romaines faites à l'image de la mère Patrie, eurent les mêmes lois, et des villes provinciales obtinrent aussi des empereurs le droit de cité. Le territoire de toutes ces villes, devenu *censui censendo*, fut susceptible d'être transmis d'après les formes rigoureuse du droit des Quirites. Ainsi, sous l'empire, lorsque l'on voulait parlait de choses *mancipi*, l'on mentionnait en première ligne les fonds de terre de droit Italique.

La place donnée dans le digeste, au titre *si ager vectigalis petatur*, temoigne de l'intérêt immense que les jurisconsultes accordaient aux fonds de terre *nec mancipi*, car *ager vectigalis* était synonime *d'ager provincialis* ou *nec mancipi*,

Outre les fonds de terre il y avait encore des choses mobilières susceptibles d'être dites *censui censendo*.

Le droit sous ce rapport subit peu de variations. Nieburh pensait que les pièces de monnaie durent être *res mancipi* ; mais ce n'est qu'une conjecture, et nous ignorons l'époque où, si elles n'y ont pas toujours été, elles ont du être rangées pour la première fois dans les choses *in bonis*. Il n'y avait que les choses dont on trouvait mention sur les anciens registres du cens, qui pouvaient être dites *mancipi;* quand aux effets mobiliers, on n'avait point de régles précises à leur égard.

Les droits immobiliers, ne pouvant être saisis par la main, n'étaient pas *mancipi*. Si nous nous rapportons à la manière dont vivaient les vieux habitants de l'antique Rome, nous ne serons point étonnés de trouver une exception en faveur des servitudes des domaines ruraux.

Les fonds de terre provinciaux étaient aussi désignés sous les noms de fonds tributaires ou de fonds stipendiaires. Ceux-ci étaient soumis à l'autorité du Sénat, les autres à celle de l'empereur.

Les lois ne s'occupaient point des transactions relatives aux biens *nec mancipi*. Les magistrats intervenaient plus ou moins directement dans les actes relatifs aux choses du droit des Quirites. Leur possession donnait des droits politiques, et imposait des devoirs, tout au moins l'obligation de payer certains frais de culte. Par contre, les chefs de la république Romaine n'avaient point à s'occuper des débats des citoyens se disputant des choses *nec mancipi*.

Cependant ils furent obligés de venir au secours des possesseurs troublés dans leur jouissance. Les Préteurs, chargés à Rome et dans les Provinces de l'administration de la justice, nommèrent *interdicta*, interdits, les règles qu'ils tracèrent à ce sujet.

En suivant ce que je viens de dire des choses *censui censendo* et des choses *in bonis*, il est facile de voir que peu à peu on levait les barrières, qui s'opposaient à la communication des hommes les uns avec les autres. L'empire Romain délaissait peu à peu ses lois étroites et égoïstes. Il se préparait à recevoir l'enseignement qui montant à l'horizon, venait éclairer le monde, c'est à savoir: le dogme de la fraternité de tous les hommes.

La religion catholique, dont le nom porte la signification, voulait relier toutes les nations dans un même faisceau. La marche de la philosophie, cette introduction à l'étude de toutes les sciences, tendait au même but. Aussi malgré les quelques réclamations qui ont été faites contre l'édit de Caracalla, par lequel il a déclaré tous les habitants de l'empire citoyens Romains, nous devons voir, que cet édit était préparé de longue main et qu'il était en rapport avec le progrés de l'humanité. En effet les priviléges accordés à une foule de cités l'avaient rendu nécessaire. L'égalité était généralement demandée; les hommes y arrivaient d'abord, les choses devaient participer plus tard aux bienfaisantes influences des nouvelles doctrines. Toutefois il fallut attendre longtemps encore; car jusqu'à Justinien l'ancienne démarcation subsista dans l'empire d'Orient, quoiqu'elle y fut de fort peu d'importance. C'était presque une lettre morte; Aussi le dédain du souverain de Bysance pour ces vieilles lois mérite d'être signalé. Dans sa fameuse constitution *de nudo jure quiritium tollendo*, il appelle cela des subtilités vagues et vides de sens, bonnes tout au plus à effaroucher l'esprit des jeunes gens qui débutent dans l'étude des lois.

Quant aux états qui se sont formés en occident des débris de l'empire, ils ont plus longtemps gardé l'empreinte du droit de leurs vainqueurs.

J'aurais pu parler des droits des pères de famille sur leurs épouses et leurs enfants ; mais il m'a semblé bon de laisser cela de côté ; car il ne convient pas de faire l'histoire du droit des personnes à propos du droit relatif à la distinction des biens. Cependant je dois noter qu'il y a eu un âge dans lequel l'homme fut la choses de l'homme, auquel l'homme put se donner en gage à son créancier, et qu'enfin à cette époque non seulement il y avait des esclaves ; mais encore que le père de famille y était maître de vendre sa femme et enfants.

Nous n'avons plus de traces de la division des biens en choses du droit des Quirites ou en choses *in bonis*. Ce que j'ai dit du droit sacré s'applique aux immeubles et est aussi tombé en désuétude ; Bientôt j'arriverai aux dispositions du droit actuel et j'essaierai d'en montrer l'origine, je ne veux dans ces préliminaires parler que du droit oublié par la pratique.

Lorsque la religion chrétienne se fut posée sur le

trône de Constantinople, elle voulut tout plier à ses préceptes austères. La nation ne voulut pas comprendre le dogme de l'unité. L'empire ressemblait à une mosaïque ; là c'était une ville de droit Italique, exempte de tout impôt, ici un privilége d'une autre sorte. Toutes les nations vaincues avaient gardé des restes de leurs mœurs particulières, et se considéraient comme étant ennemies.

Il est à croire que si le catholicisme avait pu d'un seul coup envahir sans opposition la république Romaine, ce grand corps énervé se fut retrempé à la source nouvelle. Mais les Dieux de l'Olympe opposèrent une forte résistance à la nouvelle doctrine. Les sectes des Ariens et des Manichéens, plus redoutables en ce qu'elles se rapprochaient d'avantage du dogme chrétien, furent de puissants obstacles au triomphe de la religion de Jésus-Christ.

De toutes les doctrines connues la plus féconde en résultats est sans contredit celle du Christianisme. Ce point a été examiné par M. Buchez dans le premier volume de l'histoire Parlementaire de la révolution Française et dans les manuels d'histoire de M. Ott. Je ne mentionnerai que ce fait laissant là les preuves:

La France a pleinement adopté la loi de Jésus-Christ et c'est à cela qu'elle doit d'avoir toujours marché à la tête des nations.

J'arrive à l'établissement de lahéodalité. L'empire, élevé pour la gloire et le profit de Rome, semblait au cinquième siècle, s'affaisser de toutes parts. Les deux têtes de ce colosse se disputaient la prééminence. A Rome se trouvait le pouvoir spirituel, à Constantinople le pouvoir temporel. Il n'y avait plus d'unité, par suite on marchait inégalement vers le même but.

En dehors de l'empire, se trouvait une multitude de peuplades confédérées, unies en grands corps, sous les noms de Goths, de Gétules, d'Abares, de Huns, d'Alains, de Vandales, de Burgundes, de Francs etc. etc.

Toutes ennemies des villes auxquelles elles portaient envie. Ces barbares attaquaient tous les point de l'empire. Un jour ils firent une brêche, et se trouvérent étonnés tant ils trouvèrent peu de résistance au dedans.

Quelques uns se reposèrent sur les ruines qu'ils venaient de faire, comme les Vandales en Afrique, les Burgundes à l'est des Gaules, les Wisigoths au midi.

Les Wisigoths et les Burgundes se firent Ariens.

Mais les cités des Gaules étaient restées fidèles au culte des saints. Leurs habitants se rangeaient avec orgueil sous la bannière de l'église toute pour tous, toute avec tous, repoussant les explications de la raison particulière pour faire triompher la raison générale.

Les chefs de ces villes étaient les évêques. Ils n'avaient point de soldats. Exposés aux invasions des Germains, aux incursions des barbares qui chaque jour les pressaient d'avantage, ils cherchèrent une armée. Ils s'adressèrent au roi d'une bande de Francs. Celui-ci se laissa convertir au Christianisme, il voyait dans cet acte la possibilité de conquérir un royaume. Bientôt il put dire : « Je supporte à grand « peine de voir les Ariens tenir une partie des Gau- « les. Allons, avec l'aide de Dieu, les vaincre et ran- « ger leurs possessions sous notre puissance. »

A partir du moment ou Clovis eut proclamé le principe au nom duquel il voulait marcher, la nationalité Française se trouva formée. La morale évangélique dominant les instincts brutaux des Francs allait les unir en un seul peuple avec les Gaulois. Aucune nation n'a mieux, que la nôtre, su rester fidèle aux croyances catholiques. Nos rois se sont enorgueillis d'être appelés très chrétiens, fils aînés de l'église ; et si Philippe IV ou ses successeurs ont lutté contre le St-Siége ils ont eu le soin de s'en prendre seulement aux personnes presque jamais aux doctrines.

Il était difficile de voir où irait la nation Gallo-Franque. Le territoire où elle se trouvait était en petit ce que l'empire était sur une plus grande échelle. Là aussi il y avait des cités de droit Italique et des villes tributaires; là aussi il y avait des distinctions entre les hommes, distinctions qui passaient du père aux enfants.

Quant aux barbares, ils arrivèrent tous guerriers. Tous étaient armés de la framée ou de l'angon; mais tous n'étaient pas égaux.

Moins civilisés que les Gallo-Romains, ils avaient un germe de prospérité que ceux-ci n'avaient pas. Ce germe fécond, c'est la solidarité dont étaient tenues les différentes divisions de la tribu. En fouillant dans les origines de Rome on trouve bien dans l'institution du patronage et de la clientelle, quelque chose d'analogue à l'espèce de lien qui unissait les chefs et les soldats; mais au temps de l'invasion, c'était un souvenir perdu.

Il ne restait plus de solidarité entre les Romains, que celle des Curies pour le paiement de l'impôt et celle des Serfs pour l'acquittement des redevances.

Chaque tribu de Barbares, ou pour en donner une idée plus exacte, plus populaire depuis Walter Scott, chaque clan de Barbares était soumis à un chef, connu dans nos vieux monument législatifs, sous le nom de Graf, Grafio, ou de comte. Audessous de ce chef étaient des Centainiers ou *Tungini*, ayant sous eux pour commander à chaque subdivision de la centaine des dixainiers ou chefs de dixaines.

Si l'on se reporte aux souvenirs qui nous restent de la vieille Rome, on trouve une analogie frappante entre ces, Grafs, *Tungini*, dixainiers, et les Tribuns, centurions et décurions de la cité des Quirites.

Les francs s'emparèrent des belles *villæ* des Gallo-Romains. Les centainiers et les dixainiers fixèrent leurs domicile non loin de celui de leurs comtes. Le roi commandait à tous.

De ces divisions des personnes sortit la division des biens en fiefs dominants et fiefs servants. M. Beugnot dans la préface de son édition des assises de Jérusalem parle des *Patricii Vicorum*, connus au temps des empereurs d'Orient. Il trouve dans l'usage où certains bourgs étaient de se choisir des patrons haut placés, quelque chose qui a préparé l'admission du régime féodal. Il m'est impossible de consentir à l'opinion de ce savant antiquaire; car la loi féodale se distingue de toutes les autres par les obligations qu'elle imposait surtout par celle du service militaire.

Après l'établissement de la féodalité, le territoire se trouva partagé en fiefs et en alleux: Fief vient de deux mots qui joints ensemble ont fait en latin *fundum*, dont la traduction est *benificium*, c'est-à-dire concession bénévole à charge de redevance.

Alleu vient de *all* et de *Odh*. *All* en allemand veut encore dire toute, *odh* signifiait propriété, alleu rendu en latin par *allodium* désignait la terre libre de redevances et d'hommages.

Mais si la constitution féodale s'est trouvée conforme à l'organisation des tribus conquérantes, ce serait une erreur de penser qu'elles ont apporté ce droit de leurs steppes sauvages. L'obligation personnelle du service militaire telle était la loi des Francs. Cette obligation imposée aux possesseurs du fiefs telle fut la loi féodale.

Si nous fouillons les livres des historiens du temps de l'invasion, les recueils de formules, voire même les lois des Barbares, à peine y trouverons-nous le nom de fief. Une fois au plus ce mot se rencontre dans les formules d'Angers ; mais nous ne savons pas l'époque où ces formules furent rédigées.

La propriété dans les temps Mérovingiens était libre de toute charge, aussi est-elle partout disignée sous le nom d'Aleu, c'est-à-dire, domaine plein et entier.

Sous les Carlovingiens on manqua de soldats comme on en avait manqué dans le temps de Clovis. Les ravages des Normands firent sentir aux peuples le besoin de s'unir pour se défendre. Alors et seulement alors on établit des fiefs. Sous le nom de bénéfices, on donna des terres aux guerriers, ceux-ci promirent en échange de défendre leurs bienfaiteurs, avec la condition d'en être protégés. Tous les habitants de l'Europe occidentale sentirent les avantages de cette union. Et c'est ainsi que se constitua peu à peu cette hiérarchie si belle de rois, de vassaux et d'arrières vasseaux. Il serait difficile de préciser l'époque où ce droit fut reçu. Toutefois si l'on jette ses regards sur les lois établies à Jérusalem par les croisés, on est forcé de reconnaître que du 8me au 11me siècle tout cela s'était régularisé et avait pris une forme admirable.

Les vassaux de la couronne, grands barons ou Seigneurs Suzerains formaient la cour de justice du roi. Leurs vassaux immédiats formaient la leur, et les arrières vassaux celle des vassaux.

D'abord le don d'un bénéfice se fit librement. Le donataire pouvait refuser de recevoir la libéralité qui lui était faite et choisir un autre partron. Quelquefois le besoin d'avoir un protecteur poussait un individu à se donner à un Seigneur, à se recommander, à se confier à lui sans qu'il y eut aucune donation de terre. Mais nous ne trouvons pas une seule concession de terrain qui n'ait été accompagnée de recommandation; c'est-à-dire sans que le donataire n'ait promis de secourir le donateur.

J'ai donné l'origine du mot aleu, une autre a été acceptée par des hommes du premier mérite. Pour eux aleu vient de *loos* sort, d'où sont venus pour nous lot et loterie. Ils invoquent à l'appui de leur opinion le partage des terres fait entre les guerriers Barbares et les peuples conquis. Le mot aleu ne peut avoir par racine l'étymologie qu'ils lui donnent. C'était le nom général de la propriété, qu'elle vint ou non de la conquête. En effet, rien ne démontre que les francs aient partagé avec les Gallo-Romains le territoire qu'ils occupérent, et cependant tous les manuscrits de la loi Salique contiennent un titre intitulé *de alodis*, des aleux.

On peut donner deux raisons dont on fera découler la filiation et la permanence des terres alodiales jusqu'en 1789, époque où l'égalité des biens fut proclamée comme celle des personnes. D'abord on peut dire que les terres dont les Francs s'emparèrent ne payèrent plus d'impots. Si nous n'avions pas de faits à l'appui de cette opinion, nous serions conduits a l'admettre par le raisonnement. Montesquieu en son esprit des lois a eu soin de nous donner assez d'exemples pour que cela nous paraisse hors de toute controverse. Cette terre fut donc alodiale.

Lorsque les possesseurs d'aleux se sont crus assez forts, ils n'ont pas fait hommage de leurs possessions à des seigneurs plus puissants qu'eux. Par là ils ont conservé la franchise dont les premiers propriétaires avaient joui. C'est la seconde raison de la persistance des aleux.

Les usages constants avaient alors force de loi. Dans les cours de justice on jugeait d'après les précédents. C'est là ce me semble la souce de cette diversité de coutumes dont notre sol a été purgé par l'effet de notre grande crise politique de 1789.

Les aleux étaient plus communs dans le midi de la France que dans le nord. Cela tient à une cause préexistante à l'occupation des Francs. J'ai déjà eu occasion de parler des fonds Italiques libres d'impôts et de redevances. La longue lutte de l'Aquitaine et du reste des Gaules empêcha les Carlovingiens de plier à la loi des fiefs ces propriétés qui se trouvaient en grand nombre au midi de la Loire. Comme les précédents servaient de base aux jugements postérieurs, il s'en suivit que l'on dut dans ces contrées respecter des franchises établies depuis des siècles, bien qu'elles semblassent en désaccord avec la loi générale de l'occident.

Le Clergé s'étant enrichi, tendait à tout envahir. S'il eut réussi l'institution des fiefs toute militaire et créée dans le but de résister aux ennemis extérieurs n'eut pas eu d'effet. Mais il se trouva des hommes assez forts pour résister, assez hardis pour l'entreprendre.

Tous les chefs des peuples n'étaient pas de taille à lutter avec avantage. Lothaire ce petit fils d'un empereur couronné à Rome ayant voulu s'allier aux Sarrasins, forcer les fiefs d'église au service militaire fut battu par ses frères soutenus de leurs évêques. Il ne put rien fonder, tandis que Charles le Chauve, cet ami d'Hincmar finit par devenir le chef le plus puissant des successeurs des nouveaux empereurs d'Occident.

Enfin tous les princes séculiers furent bientôt obligés de se défendre. Les croisades rendirent le clergé plus traitable et donnérent aux rois la facilité de poser quelques principes à l'aide desquels ils purent résoudre leurs différents avec les princes de l'église.

Les rois de France résistèrent comme les autres, et au temps pe St-Louis l'opposition avait ses régles de conduite tracées. En un mot la limite était indiquée entre le pouvoir spirituel et le pouvoir temporel. Les biens des églises reçurent un nom particulier, on les appela de main-morte, main-mortables, parceque hors certains cas prévus ils ne pouvaient plus être vendus. Les biens de main-morte ne devaient rien aux seigneurs qui essayèrent de s'en emparer. Le roi devint l'arbitre entre les contendants. Suzerain des Barons, protecteur des églises, chef de la Chrétienté il était naturel qu'il fut le médiateur entre les intérêts opposés. A partir du moment où on affranchit définitivement les bénéfices des églises du service militaire, ils furent distingués des fiefs. Les bénéfices relevaient des ecclésiastiques à cause de leur dignité, les fiefs relevaient des Seigneurs. Dans quelques pays les prêtres quoique nobles Seigneurs, ne pouvaient posséder des fiefs. Ainsi le livre de la coutume des fiefs publié pour la Lombardie, disait, celui qui est devenu chevalier du Christ a cessé d'être soldat du siècle, Il ne pouvait donc pas posséder à charge de service militaire. Mais l'incapacité n'était pas absolue, le roi pouvait la lever. En France nous n'avons rien qui nous dise que cette loi y ait été suivie, pas plus qu'en Angleterre, dès lors on pouvait être à la fois possesseur de fiefs et possesseur de bénéfices.

Sous les Capétiens directs, la noblesse avait atteint la plus grande puissance a laquelle elle pouvait prétendre. De leur côté les villes se remuaient pour avoir part aux affaires. Puis, quand les Flamands eurent vaincu les chevaliers, quand les Parisiens eurent dans les guerres des Bourguignons et des Armagnacs montré le courage dont ils étaient animés, il fut clair que la noblesse allait décroître. L'invention de l'artillerie, l'établissement des Francs-Archers, l'anéantissement des grands feudataires, le triomphe de l'absolutisme, furent autant de causes qui poussaient la nation à former un seul corps. La cause de l'institution de la féodalité avait cessé. Le service militaire incombait à tous, tous nobles ou non nobles devaient avoir le droit d'être propriétaires. L'égalité civile, tôt ou tard, devait arriver et pour les personnes et pour les biens.

Depuis 1789, la France une dans son action, une dans ses moyens d'agir, se trouve le plus puissant, le plus compacte de tous les peuples. Nous devons ce triomphe à l'égalité dont nous jouissons devant la loi, comme la remarqué M. Proudhon dans son traité du domaine de propriété. Nous n'avons plus de fiefs, plus d'aleux, Nous avons des biens, qui sont pour les uns ce qu'ils sont pour les autres.

De la distinction des biens.

D'APRÈS LE CODE CIVIL.

CHAPITRE PREMIER.

Les biens sont les objets d'où naissent pour nous des rapports utiles. (1) La principale division reconnue par nos lois est tirée de la nature des choses. Les biens aux terme de l'article 516 du Code civil sont meubles ou immeubles. (2)

(1) Le mot bien s'entend de tout ce qut compose la fortune des particuliers. (Code de la Louisiane 439).

La loi comprend sous la denomination de biens, tout ce qui peut être l'objet d'une propriété. (Code Hollandais 555).

(2) Toutes les choses qui peuvent être l'objet de propriété publique ou privée sont meubles ou immeubles. (Deux Siciles 439, *Sarde* 297, de Vaud 321)

On appelle *immeubles* les choses qui ne peuvent être mues.

Les *meubles* sont, au contraire, les choses qui peuvent se mouvoir ou être mues. (3)

Les Jurisconsultes Romains n'ont pas fait comme nous de cette distinction, la plus importante de celles qu'ils connaissaient. Il ne parlent au contraire que par hasard des meubles et des immeubles, néanmoins dans une foule de circonstances le droit changeait soit qu'il s'agit d'un meuble soit qu'il s'agit d'un immeuble.

Pour les choses *mancipi*, les immeubles s'acquéraient par une possession de deux ans, les meubles par une détention annale, pour celui qui les avait reçus à juste titre. Les choses *nec mancipi* n'étaient pas succeptibles de changer de maîtres aussi promptement. Il fallait une possession de trois ans pour les meubles ou une possession de dix ans ou de vingt ans pour les immeubles, suivant qu'ils appartenaient ou non à des individus de la même province. Après ce laps de temps le détenteur de bonne foi était maintenu en possession par le préteur.

Justinien ayant aboli la distinction entre le domaine Quiritaire et les choses *in bonis*, déclara qu'il n'y

(3) Code de la Louisianne 453; Deux Siciles 440 etc.

aurait plus de distinction entre ces deux sortes de biens et il abolit l'usucapion. Théodose avait établi que pour prescrire des immeubles vendus ou achetés par un individu de mauvaise foi il fallait un laps de trente années.

On était encore obligé d'avoir des règles différentes pour les meubles et les immeubles dont la propriété était disputée en justice. Pour exercer une revendication sur une chose mobilière, on la faisait apporter devant le magistrat, les immeubles au contraire ne pouvant être présentés au Préteur, celui-ci était obligé d'ordonner aux plaideurs de lui montrer le fonds en litige. Plus tard il se dispensa de les accompagner, ceux-ci lui apportèrent une motte de gazon, image de la chose pour laquelle ils plaidaient devant lui, après avoir feint d'aller le détacher à l'objet litigieux.

Enfin, les meubles des mineurs devaient être vendus, on devait conserver leurs immeubles. Je pourrais encore citer d'autres circonstances où le droit était différent pour les biens s'ils étaient de l'une ou de l'autre qualité; mais il suffit d'avoir noté combien cette distinction de meubles et d'immeubles était importante à Rome, sans aller parler de la dot mobilière et de la dot immobilière, de l'interdit UTRUBI accordé au possesseur de meubles, différent de l'interdit UTI POSSIDETIS accordé aux possesseurs d'immeubles, et d'une foule d'autres cas où cette distinction se retrouve.

C'est une question, de savoir si dans l'ancien droit Romain les édifices étaient comptés comme immeubles. Pour l'affirmative on a coutume de citer la loi 211 au digeste, titre de V. S. ainsi conçue : « FUNDI *appellatione omne œdificium et omnis ager continetur : sed in usu, urbana œdificia œdes, rustica villœ, dicuntur. Locus vero sine œdificio, in urbe area, rure autem ager, appellatur, idemque ager cum œdificio, fundus dicitur.* » Il est probable que dans les textes où il est parlé des édifices et des immeubles, comme si ces biens avaient été de deux sortes, il y a rédondance. (*V. Gaius com.* 2 § 42.)

Immeubles:

D'après les articles 518, 519 et 520 nous devons regarder comme immeubles d'après leur nature ; les fonds de terre, les bâtiments, les moulins fixés sur piliers et faisant partie du bâtiment, les récoltes pendantes par branches et par racines, enfin les arbres. (4)

Il importe peu que les arbres dépendent non d'une pépinière, qu'ils soient ou non partie d'un bois mis en coupe réglée : debout ils sont immeubles, couchés ils sont meubles.

On a voulu cependant en douter pour les arbres des pépinières. Pour cela on a eu recours à l'ancienne jurisprudence. Pothier réputait meubles les arbres des pépinières et c'est son opinion que l'on voudrait aujourd'hui faire revivre.

Si les plants de la pépinière ont été mis dans le terrain où ils se trouvent pour en être arrachés et ensuite vendus ou replantés, ils sont immeubles, car ils sont récolte pendante par racines.

Ils sont récolte pendante par racines, quand bien même après avoir passé un certain temps dans le terrain où ils ont été semés ils ont été replantés dans un

(4) joindre à la note 3. Code Autrichien 295 à 297 ; Code Prussien 49 à 62 ; le code civil de la Russie. 231 et s.

autre endroit pour y prendre des forces et être vendus ensuite. Mais si les plants ont été arrachés pour être vendus immédiatement, ils sont meubles bien que leurs racines soient recouvertes de terre dans un jardin, afin que la sécheresse ne les fasse pas périr. Cette distinction me parait fondée sur la loi.

Il est évident que les arbres, destinés à remplacer ceux qui viennent à périr sur le corps de domaine où ils se trouvent eux-mêmes, sont immeubles, au moins par destination.

La loi distingue en effet trois sortes d'immeubles, ceux qui le sont par nature, ceux qui le sont par destination, et ceux enfin qui le sont par l'objet auquel ils s'appliquent. Tous les biens qui ne sont pas dans une de ces catégories sont meubles.

En disant que les édifices, les plantes et les arbres sont immeubles par leur nature, la loi a fait fléchir la vérité devant un autre principe. En effet ils sont incorporés au fonds, ils en sont en quelque sorte partie. Accessoires ils suivent le sort du principal suivant l'adage, *accessorium sequitur sortem principalis.*

D'après cela, si un édifice est établi momentanément sur un fonds, pour en être enlevé à une époque déterminée, cet édifice ne saura être considéré comme un immeuble par sa nature. Cependant l'application de cette théorie peut donner lieu à des difficultés sérieuses.

Le deux janvier 1827 la cour royale de Grenoble a jugé que la qualification, d'immeubles, donnée aux bâtiments par l'article 518 du code civil, ne peut et ne doit s'entendre que de ceux, qui sont une dépendance du sol sur lequel ils sont construits et dont ils forment un accessoire. Ces motifs approuvés par M. Hennequin en son ouvrage sur le livre second du code civil ont servi de base à un jugement du tribunal de Paris en date du 4 juin 1840. Cette dernière décision a été infirmée par la cour de Cassation le deux février 1842.

Les faits sont ainsi rapportés dans les recueils de jurisprudence.

Rousseau Bellesalle, avait fait bail à Griolet aîné d'un terrain situé à Paris rue Hamelot. Le preneur était autoriser à élever sur ce terrain des constructions que le bailleur ou ses représentants seraient tenus de prendre à la fin du bail. Le preneur a cédé son bail et vendu ses constructions à son cessionnaire.

Le tribunal de la Seine a jugé que la vente de ces constructions était une vente de meubles; qu'à l'égard du constructeur ces bâtiments ne pouvaient être que des matériaux, puisque leur transmutation légale en immeubles n'est qu'une conséquence de leur incorporation au sol, sur lequel Griolet n'avait jamais eu aucun droit.

La cour de Cassation a brisé ce jugement; cependant elle a laissé entrevoir que si les constructions avaient été vendues à la charge d'être démolies immédiatement, elle aurait maintenu la décision des juges du tribunal de la Seine.

Cet arrêt ne se heurte point contre celui de Grenoble. Il faut bien remarquer que dans celui-ci des constructions faites par un locataire devaient être démolies à sa sortie, tandis que dans l'espèce soumise à la cour suprême, le bailleur ou ses représentants devaient prendre les constructions à dire d'experts. Je ne saurais trouver entre les deux arrêts une contrariété absolue. Il me semble même que si les deux cours avaient changé de rôle, nous aurions eu encore les deux décisions que nous avons.

Le 14 janvier 1832, la cour de Lyon a jugé dans le même sens que la cour de Grenoble ; cependant un arrêt de Cassation du 19 novembre 1835 a jugé que les constructions faites sur un terrain militaire, par le particulier à qui le gourvernement a concédé la jouissance de ce terrain pour un temps illimité, moyennant une redevance annuelle, et sous la condition de les démolir à la première réquisition militaire, doivent être réputées immeubles. Messieurs Championnière et Rigault ont critiqué cette décision et il me semble que c'est à tort si l'on considère que les droits des concessionnaires sont d'être propriétaires du terrain concédé. Si au contraire ces droits étaient ceux de simples fermiers, la cour de Cassation jugerait différemment, nous sommes autorisés à le penser d'après la teneur du dernier des considérants qui précèdent l'arrêt.

Le système qui considère comme étant immeubles, toutes les constructions qu'elles soient faites par le propriétaire ou par d'autres personnes, prend sa source dans le droit Romain. Cela remonte même aux lois décemvirales par lesquelles il était défendu de démolir une maison, (bâtie sur le terrain d'autrui, ou par le propriétaire du terrain avec des matériaux appartenant à d'autres personnes), de peur que la ville ne fut déparée par des ruines. Aussi lors de la présentation du titre de la propriété M. Portalis s'exprima-t-il dans ces termes : « Nous sommes remontés au droit « Romain, qui décide qu'en général tout doit céder « au sol qui est immobile. »

Je consens à cela, et ce n'est pas à dire que je veuille considérer comme immeubles les constructions faites par le locataire dans la maison qu'il tient de ferme, ou par le fermier sur le terrain de son propriétaire.

Tous nos biens sont meubles ou immeubles dit la loi. Cette distinction est due à notre droit Français et nous devons laisser là le droit Romain quand il s'agit d'institutions créées depuis qu'il n'est plus la loi générale. Or dans le droit Romain les meubles et les immeubles distingués dans certaines circonstances avaient cependant peu éveillé la sollicitude des légistes tandis que l'introduction du régime de la communauté a porté les études des jurisconsultes coutumiers sur ce point mal éclairci.

Nous trouvons ce qui suit en la coutume de Tours : « CCXXV toutes choses de maison tenants à

« cloux et à cheuilles, sont réputées immeubles.

« CCXXVI Tovtefois, ou vn vsufruitier, fermier lou-
« ager ou autre semblable, aurait fait faire quelques
« cuues, pressoir ou autres choses semblables pour sa
« commodité, encores qu'elles fussent attachées à
« cloux et à cheuilles, il les peut enleuer, sinon que le
« propriétaire l'en voulust récompenser. »

Sur quoi Pallu en son commentaire ajoute : « et « pour juger de la qualité des choses qui sont encla- « uées en vn logis, si elles sont meubles ou immeu- « bles, fault distinguer sçavoir si celui qui les a fai- « tes est vsufruitier ou locataire; en ce cas il est fon- « dé d'emporter ce qu'il y a fait mettre, mesme le « pressoir si le propriétaire n'en veult payer la ré- « compense. » C'est encore le sentiment de Bourjon en son droit commun de la France : « Parceque, « dit-il, il ne peut y avoir d'iceux parfaite incorpo- « ration à la maison qui n'appartient pas au « locataire. »

Si nous suivons la conséquence de ces principes nous arriverons à dire que les choses édifiées par le fermier ne sont immeubles, qu'au jour où leur incorporation a été consentie par le propriétaire du sol, ce qui avait eu lieu dans l'espèce soumise à la cour de Cassation le 2 février, 1842. Cela me paraît conforme à l'article 555 du code civil.

J'ai encore un autre question à voir avant d'abandonner les immeubles par nature.

On s'est demandé si les moulins pour être immeubles par nature, doivent être attachés sur leurs piliers, et s'ils ne sont pas meubles, lorsque au lieu d'être attachés ils sont seulement posés. La cour de Cassation a été appelée à statuer sur cette difficulté, et elle a jugé que les moulins dans ce cas étaient immeubles par nature. A ce point de vue l'arrêt me semble mal rendu car l'article 519 en déclarant les moulins fixés sur piliers et faisant partie du bâtiment immeubles par nature, exige la réunion des deux conditions. Or FIXER aux termes du dictionnaire de l'académie veut dire attacher, affermir, arrêter. Les exemples joints à cette explication ne laissent pas de doutes sur la signification de ce mot : « *Fixez cela contre la* « *muraille avec un clou. Fixer au moyen d'une vis,* « *d'un clou, d'une épingle etc...* » Le tribunal de Valenciennes en décidant que les machines d'un moulin posé sur piliers n'étaient pas immeubles par leur nature avait mieux jugé que la cour de Cassation ; cependant j'aurais vu dans ces machines des objets immobilisés par leur destination. L'arrêt de Cassation est du 12 mai 1834.

On avait prétendu que la vente d'une récolte sur pied était une vente immobilière. On est fixé aujourd'hui sur ce point. La vente de la récolte d'un domaine est une vente de fruits, il est vrai qu'ils ne sont pas détachés au moment du contrat ; mais comme ils ne seront vendus qu'après avoir été détachés du sol, il est impossible de dire qu'il y a eu vente d'immeubles. Il est bon toutefois de consulter à ce sujet les arrêts qui ont été rendus, notamment une décision de la cour de Cassation du 11 mai 1837.

Mais si la récolte vendue est celle d'un bois, devra-t-on juger de même ? Messieurs Championnière et Rigault, en leur traité des droits d'enregistrement ont suivi la jurisprudence pas à pas, ils ont examiné tous les arrêts, et rapporté toutes les décisions de la régie sur ce point. Je n'entreprendrai pas de refaire le travail de ces Messieurs, (v. op. c. t. IV, n° 3170), et je me bornerai à faire cette distinction : ou, en vendant séparément le fonds de la superficie on a eu pour but évident de frauder l'administration de l'enregistrement, à cause de la différence des droits perçus sur les ventes de meubles et les ventes d'immeubles, ou il n'y a pas eu de fraude : dans le premier cas on dira que la vente de la coupe et la vente du sol ne forment qu'un seul et même acte, relatif à une seule espèce de biens. S'il résulte au contraire des circonstances de la cause, que l'acquisition du fonds et de la superficie par un même individu, n'a pas eu lieu par acte séparé dans le but de tromper le trésor, alors il y aura lieu de percevoir deux droits : l'un sur le fonds qui est immeuble dans tous les cas, l'autre sur la coupe du bois, mobilisée par la volonté des parties contractantes. On appliquerait même cette dernière décision au cas où un individu aurait acheté séparément par le même procès-verbal, aux enchères publiques, conformément à un cahier de charges préalablement dressé, le fonds et la superficie. Je crois que la cour régulatrice a tâché d'obtenir le résultat que j'indique par ses arrêts de prime abord contradictoires.

J'ai dit qu'un moulin posé sur des piliers où il n'était pas fixé était un immeuble par destination, j'arrive à l'examen des biens rangés dans cette catégorie.

Aux termes de l'article 524 du code civil, « les « objets que le propriétaire d'un fonds y a placés « pour le service et l'exploitation de ce fonds, sont « immeubles par destination. »

La théorie peut se demander si les tuyaux servant à la conduite des eaux dans une maison ou un autre héritage . sont immeubles par nature ou par destination. Pour arriver à une solution précise il faut savoir si les objets servant à la conduite des eaux font, ou non, corps avec les bâtiments ou héritages. Dans la seconde circonstance ils sont immeubles par destination.

Les clefs des maisons sont immeubles par destination. Destinés à suivre le propriétaire partout où il va hors de sa demeure, on ne peut les assimiler aux immeubles par nature. Je sais bien que les Romains qui ne parlaient pas d'immeubles par destination avaient immobilisé le clefs (l. 17 ff. *de act. empt. et vend.*); mais je crois qu'il faut autant que possible maintenir aux mots la signification que tout le monde leur donne.

« Cette règle, qu'il faut entendre les mots dans « le sens consacré par l'usage général, est dictée par « la raison.

« Car la parole ayant été donnée à l'homme pour « être le signe de ses pensées, et pour les communi- « quer aux autres, il est rigoureusement obligé, en « traitant avec eux, d'employer les mots dans le sens « que leur donne l'usage reçu, c'est-à-dire, dans le « sens où ils les entendent eux-mêmes ; autrement il « les tromperait.

«..... Le premier devoir de l'homme, dans l'usa- « ge de la parole, est d'employer toujours les mots « dans leur sens propre, c'est-à-dire dans le sens où « les autres les entendent. » (Toullier t. 6 nº 309.

Ici je ne m'occuperai que des propriétés rurales, car outre les choses placées sur un fonds à perpétuelle demeure pour le service ou l'exploitation de ce fonds, la loi immobilise aussi par destination celles qui sont attachées à un fonds à perpétuelle demeure.

Quant aux choses placées sur les fonds de terre pour les faire valoir, les Romains les considéraient comme meubles. Cependant ils disaient que les pailles et les fumiers faisaient partie du fonds. Si donc, l'on vendait un domaine, sans spécifier ce que l'on voulait donner et retenir, les pailles et les fumiers étaient vendus, et devaient être livrés. Dans le cas où au lieu d'employer ces choses à fertiliser les terres on avait l'habitude de les vendre, elles restaient au vendeur qui n'était pas obligé de les délivrer à l'acheteur.

Il arrivait fréquemment que dans leurs transactions les Romains traitaient pour des fonds de terre en état d'être cultivés. Il y avait deux expressions usitées en pareil cas, c'étaient : *fundus instructus* ou *fundus cum instrumento*. Il n'était pas indifférent de se servir de l'une ou de l'autre. La première avait plus d'étendue que la seconde, d'après la décision de *Sabinus* qui nous a été transmise par Ulpien, comme étant généralement suivie. Le *fundus instructus* était entendu cédé, loué ou donné, avec toutes les choses nécessaires pour son exploitation et en outre avec toutes celles qui s'y trouvaient placées pour l'usage du propriétaire. Par exemple : le mobilier, les hardes, les choses de luxe. On exceptait de cette dénomination, les objets qui avaient été apportés sur le domaine pour en être enlevés, et qui ne s'y trouvaient que comme dépôt.

On léguait ou on vendait de même une maison avec ce qui s'y trouvait, *domus instructa*. On entendait par *fundus cum instrumento*, un domaine avec les choses nécessaires à son exploitation. C'est là que les rédacteurs du code civil sont allés chercher les immeubles par destination.

Les coutumes de notre France avaient gardé quant aux domaines ruraux, les principes du droit Romain. Nous ne devons pas nous en étonner. J'ai eu occasion de remarquer que la distinction des biens en meubles et en immeubles a été faite surtout à cause de l'adoption du régime de la communauté.

A l'époque de l'établissement de ce droit on s'inquiétait peu du sort des habitants de la campagne. Les non nobles ne purent jouir de ce régime que vers l'année 1570 époque où il fut accordé à la femme roturière de renoncer à la communauté qui avait existé entre elle et son mari, ce qui avait été introduit au temps des croisades pour les femmes nobles. En 1747 dans l'ordonnance des substitutions, on dit, Titre 1er article 6 : « N'entendons comprendre dans « la disposition des deux articles précédents, les bes« tiaux et ustensiles servant à faire valoir les terres, « lesquels seront censés compris dans les substitu« tions desdites terres, sans distinction entre les dis-

« positions universelles et particulières, et le grevé « de substitution ne sera point tenu de les vendre, « et d'en faire emploi ; mais il sera obligé de les fai- « re priser et estimer, ainsi qu'il sera réglé par le « titre second, pour en rendre d'une égale valeur, « lors de la restitution du fidéicommis, à peine de « tous dépens, dommages et intérêts. »

C'est pour la première fois que l'on considéra les bestiaux comme accessoires du fonds sur lequel ils se trouvaient. Cette innovation fut accueillie avec reconnaissance par tous les jurisconsultes.

Cependant les rédactéurs de l'ancienne encyclopédie assurent que dans quelques provinces les bestiaux étaient fictivement réputés immeubles, en sorte disent-ils que dans le cas d'une saisie réelle on les comprenait et on les vendait avec les héritages. Il ajoutaient : il serait à désirer qu'il en fut de même partout.

J'ai parcouru, trop rapidement sans doute, nos recueils de coutumes et je n'ai pas su y trouver ce qu'affirmaient les Encyclopédistes.

Les ordonnances de nos rois avaient cependant de longue main préparé les esprits à cet effet. Déjà en 1319 un édit pour le Languedoc, confirmé en 1483 par Charles VIII avait défendu de saisir les bestiaux et ustensiles des terres des nobles.

Charles V en 1367 fit une ordonnance pour toute la France, où nous trouvons : » Pourceque plusieurs labourages sont demourez et demeurent à faire ou prejudice du bien publique, pour ce que les sergents ou aultres faisans execucions des debtes royaulx et aultres, prenoient bestes traïant, nous voulons et ordenons, que dores-en-avant, pour quelconques debtes royaux ou aultres, aucuns chevaux buefs ou aultres bestes traïans, ne soient pris; ne aussi corps de personnes labourans, tant comme l'en trouvera aultres biens meubles ou héritages des debteurs, souffisans pour les execucions faire. »

Plus tard et en 1571 Charles IX accorda aux laboureurs, à cause des ravages de la guerre civile, un sursis pour payer leurs dettes. En 1595, Henri IV défendit d'exercer contre eux la contrainte par corps et de saisir leurs bœufs, leurs chevaux et leurs ustensiles aratoires. l'article XVI du titre des saisies exécutions de l'ordonnance de 1667 contenait une disposition analogue. Dans ces prohibitions on doit ne voir que des dispositions transitoires; car si elles avaient été bien observées on n'eut pas eu la peine de les répéter si souvent. Tout cela doit être mentionné pour mémoire, comme transition nous amenant du droit Romain au Code civil. Le savant Pothier dans son traité de la communauté N° 43 et 44 nous enseigne ce qui suit :

» A l'égard des animaux qui servent à l'exploitation « des terres, tels que sont les chevaux, les bœufs, les « vaches, les troupeaux de moutons, nous sommes pos- « sesseurs et propriétaire de ces animaux *per se*, com- « me d'un bien meuble, et il doivent entrer en cette « qualité dans la communauté légale; nous ne sommes « pas propriétaires de ces animaux, *ratione fundi*, à « l'exploitation duquel ils servent: ces animaux de mê- « me que tous ceux qui servent à l'exploitation d'une « terre, n'en font pas pour cela partie : *instrumen-* « *tum fundi non est pars fundi*; *l. fin.* ff. *de supell.* « *leg.*; l. 2 §1 ff. *de instrum. leg.*

« Quoique tel soit le droit qui doit être observé « tant qu'il n'y aura pas de loi contraire, néanmoins « je ne puis m'empêcher de témoigner qu'il serait à « désirer qu'il y eut une loi qui attachât au domaine « d'une terre, celui des bestiaux qui servent à son « exploitation, en ordonnant que les bestiaux qui ser-

« vent à l'exploitation d'une terre, seraient réputés
« en faire partie.......

« Le législateur a déjà reconnu l'utilité qu'il y a à « ne pas séparer d'une terre les bestiaux qui servent « à son exploitation, en ordonnant, par l'ordonnance « de 1747, *art.* 6, contre la disposition du droit « Romain que les bestiaux servans à l'exploitation « d'une terre seraient censés compris dans la substi- « tution de la terre, quoique le testateur ne s'en fut « pas expliqué. »

J'ai rapporté ce long passage, parce que Pothier, le plus savant de nos jurisconsultes, n'eut pas manqué de parler des provinces où les bestiaux étaient immeubles s'il y en eut eu. Du reste comme les rédacteurs de l'encyclopédie méthodique ne renvoient presque jamais aux sources, il est fort difficile de vérifier leurs assertions, si l'on n'est pas déjà versé dans la science du droit ancien.

Pour en revenir au code civil, l'article 522 est ainsi conçu : « Les animaux que le propriétaire du » fonds livre au fermier ou au métayer pour la cul- « ture, estimés ou non, sont censés immeubles tant « qu'ils demeurent attachés au fonds par l'effet de la

« convention.

« Ceux qu'il donne à cheptel à d'autres qu'au fer-
« mier ou métayer sont meubles. » (5)

L'article 524 reproduit quelques dispositions, de l'art. 522, il les fait précéder de cette règle générale : « Les objets que le propriétaire d'un fonds y a « placés pour le service et l'exploitation de ce fonds « sont immeubles par destination.

« Ainsi sont immeubles par destination, quand ils « ont été placés par le propriétaire pour le service et « l'exploitation du fonds,

« Les animaux attachés à la culture;

« Les ustensiles aratoires;

« Les semences données aux fermiers ou colons « partiaires; etc, etc. »

Je vois dans ces deux articles de loi deux dispositions distinctes.

La première est applicable aux choses données à cheptel à un fermier ou à un métayer. La seconde au propriétaire faisant valoir ses terres.

(5) Comparer encore les textes citée à la note 4.

Je crois que tout ce qui est donné à un fermier par le propriétaire du fonds doit être immobilisé. En effet les choses données ainsi, que l'estimation en ait été faites ou non, ne deviennent jamais la propriété du preneur. On peut opposer à cet argument tiré de notre article 1822 que d'après la Thaumassière et Pothier il en était de même sous l'ancienne jurisprudence et que les bestiaux alors n'en étaient pas moins meubles.

Il y a des animaux sur la nature desquels on pourrait soulever quelques difficultés. Ainsi dans notre Poitou, on afferme les terres à moitié fruits. Le propriétaire y place d'ordinaire, des truies destinées à la reproduction et des juments poulinières. Colons et bailleurs, tous s'en trouvent au mieux. La terre mieux fumée donne plus de produits, et les bestiaux rendent un bénéfice assuré. Je crois donc que ces choses devront être considérées comme immeubles.

Il en sera de même des vaches de l'Auvergne, des bœufs gras du Limousin. Tous les animaux confiés au fermier, sont immobilisés fictivement. Cela fut du reste ainsi expliqué au conseil d'état. Je vais copier ce qui nous en a été transmis par le procès-verbal de la séance du 20 vendémiaire an XII.

« L'article 516, (522), est discuté.

« M. DEFERMON demande que la disposition de cet « article soit étendue à tous les animaux donnés par le propriétaire, même à titre de cheptel.

« M. TREILHARD, dit que, dans l'esprit de l'article, « ils font tous également partie du fonds. »

La cour de Riom a consacré cette doctrine le 30 août 1820.

J'arrive maintenant à la seconde disposition résultant de l'article 524 du code civil.

Celui qui fait valoir par lui-même ne peut avoir la prétention, dit M. Hennequin, de soustraire arbitrairement des valeurs mobilières aux obligations auxquelles elles sont soumises. J'accorde cela, ainsi un individu ne peut prétendre que des mules achetées à une foire pour être vendues à la foire suivante, sont des immeubles; mais le point où commence l'immobilisation est fort difficile à préciser. Les animaux instruments intelligents, que Dieu a mis à la disposition de l'homme, le servent de mille façons. Les agriculteurs les associent à leurs travaux, profitent de leur croît et enfin de leurs fumiers. Le fumier surtout est estimé: sans fumier point de blés et point de fourrages dans les pays de prairies artificielles. Il est donc nécessaire de s'enquérir des animaux qui sont mis *habituellement* sur les fonds, afin d'en consommer les produits, car ces animaux sont immeubles.

On peut argumenter de la fin de l'article 524 où il est dit : « sont aussi immeubles par destination tous « effets mobiliers que le propriétaire a attachés au « fonds à perpétuelle demeure. » C'est l'opinion de M. Troplong en son traité de la vente n° 323. Mais cette fin d'article parait spéciale pour les bâtiments cela résulte même du texte de l'article 525. La disposition relative aux animaux placés dans un fonds pour le service et l'exploitation de ce fonds me parait suffisante pour que l'on puisse étendre l'immobilisation aux troupeaux de bœufs, de vaches ou de moutons, tenus pour consommer les fruits du fonds. On peut encore étendre cette décision aux bêtes destinées à la reproduction. L'extension que prend de jour en jour la culture des plantes sarclées, les besoins du pays amèneront la jurisprudence à se fixer dans ce sens.

J'ai pour raisonner laissé les arrêts de côté. Ils se

croisent et se contredisent pourtant. Ainsi le 8 janvier 1808, le sieur Barthélemy Salmon père de six enfants ayant donné à bail à Georges et à Joseph Salmon deux d'entre eux, une métairie avec les biens qui en dépendaient et le corps du logis : ayant laissé sur cette métairie les deux chevaux, poulains et outils aratoires qui servaient à son exploitation, sans qu'il en fut fait aucune mention dans le bail, on agita devant la cour de Bruxelles, la question de savoir si ces objets étaient meubles ou immeubles. La cour par arrêt du 8 août 1811 déclara que c'étaient des meubles.

Le 15 juin 1820 la cour royale de Limoges décida que l'article 524 ne devait s'entendre que des animaux rigoureusement nécessaires pour l'exploitation du fonds.

Mais la cour de Riom et celle de Bordeaux ont repoussé cette doctrine, qui avait cependant été aussi reçue par la cour royale d'Orléans dont on peut voir les arrêts, en date, le 1er du 11 décembre 1817 et le second du 20 novembre 1823.

Dans une discussion de ce genre on ne doit pas se préoccuper de la question des droits qui peuvent être perçus à l'enregistrement des actes. La distinction des biens en meubles et en immeubles a trop de portée sur toutes les transactions que nous pouvons faire, toutes les circonstances où nous pouvons nous trouver, pour subordonner notre décision à une considération de cette nature. Il ne faut pas oublier non plus que le devoir d'acquitter les impôts est un des plus grands de ceux qui nous sont imposés par la société.

Après avoir parlé des animaux, il me reste à voir la qualité des fourrages, pailles, engrais et semences. J'ai déjà dit que dans le droit Romain les pailles et les engrais faisaient partie du fonds. Cela avait été reçu en France ainsi que nous l'enseigne Pothier en son traité de la communauté n° 40 dans lequel il renvoie à la loi 17 ff. § 2 de *act. empti et venditi*.

Quant aux semences elles n'étaient immeubles soit dans le droit Romain soit dans l'ancien droit Français qu'après avoir été confiées à la terre. Le texte du § 32 aux Institutes, *de rerum divisione* l'indique suffisamment pour la jurisprudence Romaine, cette décision avait été reçue en France. Les fourrages n'ont donc été considérés comme immeubles que depuis le code civil. M. Proudhon nie qu'ils aient cette qualité; cependant elle me semble la conséquence de l'immobilisation des animaux, que l'on ne peut garder si l'on n'a pas de foin ou toute autre fourrage à leur donner. Mais dit M. Proudhon, « les foins sont un revenu, et « ils n'en seraient plus un s'ils devaient être consom- « més sur le fonds. » Ce savant professeur semble faire une distinction, entre les foins destinés à être vendus et ceux qui doivent être consommés par les bestiaux de la ferme. Les premiers sont meubles puisqu'ils ne sont en rien nécessaires pour le service du fonds. Les autres doivent être immeubles.

L'article 524 place encore parmi les immeubles par destination, les pigeons des colombiers, les lapins des garennes, et les poissons des étangs. Tout cela est emprunté à notre droit coutumier dont on doit garder les règles à ce sujet. Par conséquent, les pigeons tenus en basse cour, les lapins tenus en des clapiers et les poissons placés dans des réservoirs sont meubles.

Il y avait doute autrefois pour savoir si les abeilles étaient immeubles. Lebrun tenait pour l'affirmative,

Pothier pour la négative. Les rédacteurs du code civil ont adopté le sentiment de Lebrun.

Les pressoirs, alambics, cuves et tonnes sont aussi immeubles par destination. Ces ustensiles sont regardés comme faisant partie des fonds où ils se trouvent. Autrefois pour être immeubles les pressoirs devaient tenir aux bâtiments. La loi ne distingue plus entre eux. Dans le droit Romain ils étaient plutôt, dit Ulpien, *instrumenti quàm fundi.*

Les échalas plantés chaque année, pour soutenir les pieds de vigne, sont aussi immeubles, comme étant attachés au fonds à perpétuelle demeure. Pour cela il suffit qu'ils aient été mariés une fois. Il en était de même sous l'ancienne jurisprudence.

Nos colonies ont encore des esclaves. Les efforts de nos plus grands hommes d'état n'ont pas pu faire disparaître ces restes de l'ancienne barbarie. Les esclaves attachés à l'exploitation des fonds de terre sont immeubles. S'ils sont attachés à la personne des maîtres ou des employés des habitations, ils sont meubles. Nous suivons encore à cet égard une ordonnance du mois de mars 1685.

Bientôt sans doute l'esclavage disparaîtra de nos

possessions Les vœux de la France doivent être entendus. Les travaux de l'abbé de Grégoire, de M. Isambert et de tant d'autres savants publicistes ont été reçus avec un assentiment universel; comme aussi les sympathies des hommes de bien ont suivi M. Schœlcher dans ses voyages, et accueillent encore les publications incessantes qu'il répand, pour arriver à l'affranchissement des nègres.

J'en suis maintenant arrivé aux bâtiments.

Les Romains leur donnaient plus d'accessoires qu'ils n'en donnaient aux fonds de terre. Ulpien disait : « *Fundi nihil est, nisi quod terra se tenet. Ædium « autem multa esse quæ ædibus adfixa non sunt igno« rari non oportet.* » Et dans un autre passage : « *Ea esse ædium solemus dicere quæ quasi pars « ædium sunt, vel propter ædes habentur.* » Ceci a été adopté par notre droit coutumier, et a passé dans le code civil dont les dispositions simples et précises laissent peu de place à la discussion.

Afin de ne pas être obligé de revenir souvent sur mes pas, je vais parler d'abord des meubles immeubles par destination, comme tenant aux bâtiments en général; je parlerai plus tard des accessoires des usines et des manufactures.

J'ai déjà eu occasion de transcrire le dernier paragraphe de l'article 524, mais je doit le reproduire ici, parce qu'il contient la règle générale sur la matière dont je m'occupe, j'y joindrai le texte de l'article 525 car il est le corollaire de ce paragraphe de l'article 524.

« Sont aussi immeubles par destination, tous ef-
« fets mobiliers que le propriétaire a attachés au
« fonds à perpétuelle demeure.

« 525. Le propriétaire est censé avoir attaché à
« son fonds des effets mobiliers à perpétuelle demeu-
« re, quand ils y sont scellés en plâtre, ou à chaux,
« ou à ciment, ou lorsqu'ils ne peuvent être détachés
« sans être fracturés et détériorés, ou sans briser ou
« détériorer la partie du fonds à laquelle ils sont at-
« tachés.

« Les glaces d'un appartement sont censées mises
« à perpétuelle demeure, lorsque le parquet sur le-
« quel elles sont attachées fait corps avec la boiserie.

« Il en est de même des tableaux et autres or-
« nements.

« Quant aux statues, elles sont immeubles lors-
« qu'elles sont placées dans une niche pratiquée ex-
« près pour les recevoir, encore qu'elles puissent être
« enlevées sans fracture ou détérioration. »

Les dispositions de l'article 525 sont énonciatives et non limitatives. Ainsi sont immeubles les choses qui sont jointes à un fonds à perpétuelle demeure.

L'article 90 de la coutume de Paris a servi de modèle aux rédacteurs du code civil. Notre article 525 étant à peu de chose près celui que je viens de citer nous devons l'interpréter comme on interprétait ce dernier, dont voici le texte.

« Ustensiles d'hôtel, qui se peuvent transporter
« sans fraction et détérioration, sont aussi réputés
« meubles; mais s'ils tiennent à fer et à clou, ou sont
« scellés en plâtre et sont mis pour perpétuelle de-
« meure, et ne peuvent être emportés sans fraction
« et détérioration, sont censés et réputés immeubles ;
« comme un moulin à vent et à eau, pressoir édifié
« en une maison, sont réputés immeubles, quand ne
« peuvent être ôtés sans dépecer et désassembler au-
« trement sont réputés meubles. »

Sur quoi Desgodets faisait le commentaire sui-

vant : « Ce qui est mis par le propriétaire de la mai-
« son ou de l'héritage, scellé en plâtre, ou attaché à
« fer et à clou, ou NON, comme par exemple les cloisons
« de planches, posées avec des coulisses par le bas et
« par le haut, les armoires enfoncées dans les murs,
« ou scellées à côté des tuyaux de cheminées, les car-
« reaux de pierre ou de marbre, les parquets, les
« placards et lambris à hauteur de chambre ou d'ap-
« pui, les plaques de contre-cœur de cheminées, de
« fer ou de fonte, les chambranles, tablettes et revê-
« tements de cheminées de pierre, de marbre ou de
« bois; les tableaux, bas reliefs et glaces encadrées,
« ou en façon de panneaux dans les lambris, tru-
« meaux ou revêtements de cheminées, quoiqu'iceux
« tableaux ou glaces puissent s'ôter avec des vis ou
« autrement, sans désassembler ou desceller lesdits
« lambris ou trumeaux et revêtements. Les plafonds
« même ceux peints sur toile, les statues dans des
« niches ou sur des piedestaux incorporés avec les
« murs, ou sur des fondations particulières, ou autres
« décorations d'architecture ou de sculpture, les
« bancs de pierre, de marbre ou de bois qui seraient
« incorporés ou bâtis dans la maison, aux salles, sal-
« lons, galeries, vestibules, jardins et autres lieux

« de l'héritage ; encore que telles statues ou autres « choses semblables, ayant rapport au reste de la dé- « coration ou symétrie des lieux où elles sont placées « puissent s'ôter sans dégradation, elles sont réputées « immeubles, et faire partie de la maison, jardin et « héritage. »

Ces décisions sont applicables au droit moderne ; car de même que la coutume de Paris, le droit nouveau n'exige qu'une chose ; l'affectation des objets à l'immeuble à perpétuelle demeure. Dans l'ancien droit et sous le code civil, la loi indique certains signes auxquels on peut reconnaître, si les objets sont dans la dépendance d'un immeuble ; nous n'avons que des exemples, après la règle générale, à laquelle nous devons dans tous les cas en revenir.

Le tribun Savoie-Rollin disait en présentant au corps législatif le titre premier du livre second du code civil.

« La seconde règle, que les biens sont immeubles « par destination, est purement fictive ; elle donne « au propriétaire d'un fonds le pouvoir de transfor- « mer en immeubles les objets qu'il y a placés et qu'il « a destinés au service et à l'exploitation de la terre.

« La même régle associe aux immeubles tous les « effets mobiliers que le propriétaire a mis dans son « fonds à perpétuelle demeure : elle étend encore « plus loin la prérogative, si le propriétaire ne s'est « pas expliqué ; elle décide qu'il est censé avoir atta- « ché à son fonds des effets mobiliers à perpétuelle « demeure quand ils y sont scellés en plâtre, ou à « chaux, ou à ciment, ou lorsqu'on ne peut les en- « lever sans commettre de dégradation. »

D'après cela, on devra plutôt s'en rapporter à l'intention présumée du propriétaire qu'à tout signe matériel douteux.

Enfin la régle en cette matière doit-être celle-ci que j'emprunte à Labéon.

Ea quæ perpetui usûs causâ in ædificiis sunt, ædificii esse, quæ vero ad præsens, non esse ædificii, (L. 17 § 7 ff. *de act. empti et venditi.*)

Nos tribunaux décideraient encore que si deux statues se trouvaient placées au bas d'un escalier, elles devraient être réputées immeubles par destination, ainsi l'a jugé le parlement de Paris le 9 juillet 1669

M. Hennequin reconnait que notre article est démonstratif, » en ce sens, qu'en général il admet

« comme signes d'immobilisation tous les moyens « qui produisent l'impossibilité de désunir sans frac- « ture ni détérioration, mais il dit qu'il est limitatif « pour deux natures d'ornements dont le déplace- « ment doit toujours pouvoir s'opérer sans brisure: « Que, c'est à l'harmonie des parquets avec la boi- « serie, à l'emplacement préparé pour recevoir les « œuvres du statuaire, que la perpétuité de desti- « nation peut se reconnaître, relativement aux glaces « et aux statues, et suppléer à l'intimité d'adhérence « en général exigée. »

Le 21 février, la cour royale de Paris avait rendu un arrêt où M. Hennequin a puisé son opinion ; cependant comme les arrêts dépendent toujours de certains faits inconnus des auteurs, et qui n'ont pu être appréciés que par les juges du procès, je respecterai la désision de la cour de Paris.

« Considérant, disait-elle, qu'aux termes de l'arti- « cle 525 c. civ. les glaces sont censées mises à per- « pétuelle demeure, et dèslors immeubles par desti- « nation lorsque le parquet sur lequel elles sont at- « tachés fait corps avec la boiserie. Considérant que « celles qui n'offrent pas ce signe matériel et caracté

« ristique auquel la loi a assujetti leur immobilisation « doivent être considérées comme ayant conservé leur « caractère mobilier. Considérant que du rapport « même de l'expert il résulte que la disposition des « glaces placées dans les appartements du Square, ne « rentre pas dans les termes de la loi, *et quelles peu-* « *vent sans aucune détérioration de l'immeuble en* « *être détaches.* »

Si les premiers considérants paraissent trop absolus, on voit par le dernier, que les juges ont statué, en fait plutôt qu'en droit. En effet les glaces non jointes à une boiserie pouvaient s'enlever sans détérioration de l'immeuble, la question de savoir si l'article 525 du code civil limite les moyens d'immobiliser les glaces n'a donc pas été résolue par cette décision.

Le 10 avril 1834 la même cour a rendu l'arrêt suivant : « attendu que l'article 525 c. civ., en décidant « que les glaces sont censées mises à perpétuelle de- « meure, lorsque le parquet sur lequel elles sont atta- « chées fait corps avec la boiserie, n'a fait qu'indi- « quer une présomption tirée d'un usage en vigueur « à l'époque de la publication du code.

« Que la même présomption peut également ré-

« sulter du fait que le parquet d'une glace a été posé « conformément à la méthode nouvelle, usitée pour « placer les glaces etc... »

C'est à cela qu'il faut s'en tenir. M. Hennequin admet bien, qu'une statue peut être immobilisée, si elle repose sur un piédestal en maçonnerie faisant partie du bâtiment. On doit appliquer partout les mêmes principes, c'est le moyen d'arriver à une jurisprudence uniforme. D'après cela l'article 525 me paraît purement et implement énonciatif. (*Sic* Pothier com. n° 55).

Les choses qui sont placées dans les bâtiments de servitude sont immeubles, comme celles qui ont été mises dans les maisons d'habitation, si elles y ont été placées à perpétuelle demeure. Par exemple les mangeoires, les rateliers des écuries et des étables sont immeubles par destination. Il en est de même des planches et des claies posées sur les chevrons et destinées à supporter les fourrages, bien qu'elles n'aient pas été clouées à ces chevrons.

Le peu de temps que dure la vie des vers à soie a empêché de les ranger parmi les immeubles par destination. On s'en est expliqué au conseil d'état. (1)

La culture de certaines espèces d'arbres exige la

(1) Sic code Sarde.

construction de certains édifices. Par exemple : dans un jardin d'agrément où l'on cultive des plantes du tropique on a fait une serre chaude, de plus on a établi une orangerie dans laquelle sont des citronniers et des orangers. Les plantes seront-elles meubles ou immeubles ? En semblable matière on suivra l'usage des lieux, à défaut d'explications suffisantes de la part des contractants. Les orangers, les fleurs exotiques sont regardés comme meubles par tous les auteurs. Je ne voudrais pas me trouver seul contre tous, néanmoins je pense que les circonstances où ce débat pourra s'ouvrir seront d'une haute importance sur la décision des tribunaux.

Ainsi on ne délivre guères les orangers que l'on possède, à l'acquéreur du jardin où se trouve une orangerie si ces arbres n'ont pas été nommément vendus; mais si un individu décédant avait légué ses immeubles à un autre je suis convaincu que la cour de Cassation rejetterait le pourvoi formé contre arrêt qui déclarerait que des orangers font partie nécessaire de l'orangerie où ils sont placés, et que dès lors ils sont immeubles.

En effet la serre est immeuble, sans fleurs ce n'est

plus qu'un bâtiment isolé, inutile. Les fleurs sont l'accessoire d'un immeuble par sa nature, elles doivent donc en prendre la qualité.

J'en suis arrivé maintenant aux meubles qui perdent cette qualité par leur incorporation avec certaines usines. M. Hennequin a, avec raison, remarqué que de nos jours cette espèce de biens avait reçu un grand développement. Etayé de l'autorite de Hume, il ne veut pas voir de fabriques chez les peuples de l'antiquité. Il appelle à son secours le passage où Télémaque parlant de son séjour à Tyr nous donne les mœurs de cette ville, et il en conclut, que les « grandes « organisations manufacturières, élaborées, perfec« tionnées sous la double influence de la civilisation « et du temps, ces vastes et puissants ateliers dont « Manchester et Roubaix offrent de nos jours les plus « parfaits modèles étaient inconnus des peuples de « l'antiquité. »

Cependant il y avait sous les empereurs de vastes et puissants ateliers où le fer et l'acier étaient employés pour fabriquer les armes des défenseurs de l'état. Les codes de Théodose et de Justinien nous ont laissé des détails précis sur ce sujet. Les casques et les cuirasses s'y faisaient un grand nombre, mais il n'étaient plus trempés dans les eaux du Styx, car ils cédaient sous les coups de barbares à demi-nus.

Il ne nous reste rien sur les choses que l'on déclarait immeubles, comme accessoires de ces usines Jusqu'aux temps d'Henri IV, les hommes après l'abolition de l'esclavage, enfermés dans leurs familles, semblent avoir ignoré l'art de se réunir en grand nombre, afin de faire à peu de frais, une immense quantité de produits ; mais depuis cette époque les hommes ayant vu leur faiblesse quand ils étaient seuls ont créé de vastes ateliers ou ils se réunissent.

Les ordonnances de nos rois sont venues encourager les efforts des particuliers.

Ainsi en 1669 les instruments servant au manufactures de laine furent déclarés insaisissables, une déclaration de 1704 confirmative de cette première porta, que cela devait s'entendre de toutes les manufactures. Mais il n'y avait pas là dérogation au droit civil général, sur ce qu'il déclarait certaines choses meubles ou immeubles.

Pothier nous a donné un exemple qu'il est bon de rapporter : « Lorsque un bâtiment, dit-il, a été

« construit exprès pour être une raffinerie de sucre,
« les grandes chaudières qui y sont enfoncées en
« terre et scellées en maçonnerie, sont censées faire
« partie de l'édifice, auquel il manquerait quelque
« chose et qui ne serait pas une raffinerie sans ses
« chaudières. »

Notre code a voulu que l'intention du propriétaire, le besoin de l'usine, fussent des causes suffisantes de l'immobilisation des ustensiles de la manufacture; tandis que d'après le droit antérieur au code civil, il fallait une adhérence des meubles aux bâtiments, pour qu'il perdissent leur caractère,

En cette matière, on est placé entre deux écueils difficiles à éviter, savoir : Les droits des créanciers hypothécaires, ceux des femmes et des enfants, à garder contre ceux des créanciers chirographaires; et d'un autre côté, le crédit du fabricant, capital qu'il doit chercher à augmenter par tous les moyens possibles.

Laissant aux publicistes, leur œuvre, j'essaierai de concilier nos textes de lois et d'en donnner le sens.

N'oublions pas la régle générale, qui déclare immeubles par destination, les objets que le propriétaire a attachés à son fonds à perpétuelle demeure.

Dès lors il importera peu que M. Régnault de St-Jean d'Angély ait voulu restreindre aux cuves, pressoirs et chaudières des bâtiments d'exploitation, le parahraphe de l'article 524 qui déclare ces choses immeubles par destination. Toutes les fois que le propriétaire d'une distillerie aura fait établir des alambics dans des bâtiments destinés spécialement à les recevoir, ces alambics seront immeubles par leur destination.

L'établissement d'un moulin à blé, mu par une machine à vapeur, nécessite des constructions particulières; il en est de même de l'établissement d'une pompe à feu destinée à mouvoir les rouages d'une filature; par suite ces machines deviennent immeubles par destination.

Ainsi la cour de Lyon a jugé le 8 décembre 1826 que les cardes et métiers à filer, d'une filature étaient immeubles par destination. On dirait encore que les chaudières et cuves d'un teinturier bien qu'elles servent plutôt à l'exercice d'une profession, qu'à un immeuble, ont été immobilisées. La cour de Grenoble l'a ainsi décidé le 26 février 1808. On a dit qu'un arrêt de Bruxelles avait jugé que des machines à filer jointes à une usine étaient meubles; cet arrêt en date du 11 janvier 1812 ne peut faire jurisprudence, puisque la cour n'a pu savoir si ces métiers avaient été, ou non, placés par le propriétaire. Mais si dans une filature on avait placé des métiers à tisser, ces métiers étant indépendants de l'usine devraient être réputés meubles, et c'est ce que la cour de Caen a décidé.

Nous devons bien préciser le sens des mots, car à défaut de s'entendre on arrive à être en désaccord sur les conséquences, bien que l'on ait paru d'abord d'accord sur les principes. On entend généralement par usine, l'établissement où les machines fonctionnent à l'aide d'un moteur inintelligent obéissant à la volonté des hommes. Ainsi rentrent dans cette classe, toutes les fabriques dont le principal moteur est une machine à vapeur, une machine hydraulique, ou même celles mues par des chevaux.

Ce sera donc comme étant attachées à un fonds à perpétuelle demeure que les cuves et les tonnes d'une brasserie seront dites immeubles par destination, ainsi que l'a déclaré la cour de Douay par arrêt du 3 janv. 1815, confirmé le 4 février 1817. La même règle doit s'appliquer aux foudres d'un chais, et aux poutres qui les soutiennent, malgré l'article 524, lequel ne parle que des cuves et tonnes attachées à des fonds ruraux. On pourrait pour dire que celles d'un chais sont immeubles, s'autoriser d'un arrêt de Cassation du 30 mai 1826; mais cet arrêt n'a pas été seulement rendu en considération de l'article 524 du code civil. On y a invoqué aussi l'article 9 de la loi du 22 frimaire an VII ainsi conçu :

« Lorsqu'un acte translatif de propriété ou d'usu-
« fruit, comprend des meubles et des immeubles, le
« droit d'enregistrement est perçu sur la totalité du
« prix, au taux réglé pour les immeubles, à moins
« qu'il ne soit stipulé un prix particulier pour les ob-
« jets mobiliers, et qu'ils ne soient désignés et esti-
« més, article par article dans le contrat. »

Ainsi cet arrêt n'est pas applicable à cette question, mais les règles générales sont assez précises pour nous guider dans le doute.

Ce qui est partie du fonds est immeuble, ce qui est destiné pour le service des personnes pouvant être détaché du fonds est meuble. Si le chais ne peut servir à un autre usage les tonnes qu'il renferme sont immeubles.

Les forges, en général, sont *partes fundi*, partie du bâtiment dont elles dépendent.

Il n'en est pas de même des métiers à tisser, des presses des imprimeurs ; quant à ces dernières choses, elles ont été déclarées meubles sous l'ancienne jurisprudence dans un arrêt statuant sur cette question soulevée à propos des presses du célèbre Robert Etienne.

Si cependant on trouvait le moyen de faire des imprimés avec des machines marchant à l'aide de la vapeur ou d'un cours d'eau, comme M. Pierre Leroux, voulait le faire en 1822, comme un nouvel inventeur vient de le proposer, les imprimeries étant devenues usines, il s'en suivrait que les presses et les caractères prendraient la qualité d'immeubles.

On peut même soutenir que les presses mues aujourd'hui par la vapeur ont été immobilisées. Les lieux où ces choses ont été placées, sont en effet devenus impropres à tout autre usage, et les machines à vapeur importées dans un fonds par un propriétaire, le sont toujours à perpétuelle demeure.

Si dans une vente, le propriétaire se réserve les immeubles par destination, ces biens reprennent leur qualité de meubles. L'intention présumée de ce propriétaire les avait immobilisés, son intention exprimée dans un sens opposé suffit pour détruire la présomption de la loi qui se trouvent sans fondement.

Cependant si l'acquéreur du fonds achéte immédiatement, le fonds et les immeubles par destination, le receveur d'enregistrement devrait dans l'intérêt de la régie chercher si les contractants n'ont point eu l'intention de frauder le trésor public. (*Sic* p. 49 et 50.)

S'il n'y a pas eu fraude, la volonté des parties a pu rendre aux meubles immobilisés la qualité que leur donne leur nature. Ainsi la cour de cassation a jugé que les immeubles par destination faisant partie d'une filature pouvaient quoique vendus d'un seul bloc avec elle, au même propriétaire être réputés meubles. Voici l'espèce :

Parisot étant tombé en faillite, avait cédé ses biens à ses créanciers. Ceux-ci mirent en vente une filature de coton, après avoir estimé séparément, article par article les bâtiments et leurs accessoires, en qualifiant ceux-ci d'objets mobiliers.

Le 15 décembre 1828 Mandel et autres se rendirent adjudicataires en un seul lot de toute la filature pour une somme de 169, 695 francs ; une somme de 40, 591 francs était assignée dans le procès-verbal d'adjudication comme étant le prix des objets qualifiés mobiliers.

La cour de cassation.

« Attendu que la mutation des objets mobiliers, « n'est, aux termes de l'article 69 § 5 N° 1er de la « loi du 22 frimaire an VII, passible que du droit « proportionnel de deux pour cent ; que la régie n'est « pas autorisée par cette loi, à rechercher si avant « cette mutation, ou à l'époque à laquelle la vente a été « faite, lesdits objets, mobiliers de leur nature avaient « été immeubles par destination; s'ils avaient été sous « ce rapport utiles ou même indispensables à l'exploi- « tation d'une usine, d'une manufacture ou de tout « autre établissement semblable ; si leur séparation « pourrait causer quelques détériorations aux bâti- « ments ; enfin, si cette séparation rendrait la vente « desdits établissements plus difficile ou plus onéreu- « se pour celui qui aurait consenti à les acquérir à

« cette condition ; qu'en un un mot la régie ne peut, « dans ce cas, de même que dans tous les autres, « (celui de fraude reconnue par les juges excepté,) « exiger le paiement du droit proportionnel, que « d'après l'acte soumis à la formalité ; Attendu que « le législateur ne devait même pas autoriser cette « recherche de la part de la régie, puisque les effets « mobiliers de leur nature, n'ont fictivement le ca- « ractère d'immeubles par destination que par la vo- « lonté du propriétaire auquel (sauf toutefois les « droits acquis à des tiers) la loi ne défend pas plus « de faire cesser l'union de l'objet mobilier à l'im- « meuble qu'elle ne lui avait imposé l'obligation de « l'y réunir. etc. »

Déclara que les meubles vendus ne devaient pas payer les droits de vente immobilières. Cette décision est du 23 avril 1833.

Mais si, en l'absence de toute formalité, de toute cessation de travail, une usine était vendue en un même jour à un même individu ; le droit devrait être perçu sur tout le prix comme pour vente d'immeubles. La mobilisation portée dans l'acte de cession serait une fraude évidente à la loi et tous les tribunaux la reconnaîtraient facilement. C'est sans doute en considération de cette fraude qu'a été rendu le 20 juin 1832 un arrêt contraire à celui dont je viens de transcrire les principaux attendus. Voici comment était motivée cette dernière décision.

« Attendu que la destination qui donne à des ob-
« jets mobiliers le caractère d'immeubles, ne peut
« s'établir ni cesser par de simples déclarations, soit
« orales, soit écrites des propriétaires, quelle résul-
« te des faits et circonstances déterminés par la loi
« elle même au titre premier, livre 2 du code civil.

« Attendu que dans l'espèce, le jugement constate
« qu'au moment de la vente de la maison, où il exis-
« tait une filature de laine cardée, tous les objets
« indiqués comme mobiliers en ladite vente, et en la
« contrainte du 18 aout 1829 comme immobiliers
« par destination, étaient employés à l'exploitation
« de la dite usine et nécessaires à son activité, qu'ils
« existaient encore comme tels à la date dudit juge-
« ment, etc. »

Il y a dans la rédaction de ce dernier jugement quelque chose de trop absolu, ainsi que l'on remarqué messieurs Championnière et Riguault en leur traité des droits d'enregistrement ; mais il ne faut pas oublier cet adage de notre célèbre Dumoulin, *modica circumstancia facti inducit magnam juris diversitatem*.

Les hommes ne croient pas en général commettre une mauvaise action lorsqu'ils refusent de payer un impôt, de là viennent les luttes des particuliers contre l'administration de l'enregistrement, laquelle se montre à son tour souvent trop exigeante. M. le procureur général Dupin, a dévoilé le 6 juin 1842 cet esprit de résistance qui se manifeste partout contre les agents du trésor public: « Il est presque toujours vrai, « disait-il, que le droit d'enregistrement a pour base « le droit civil; on y a recours pour fixer le caractère « des actes, leur nature, leur espèce : En général, « les prémisses de la perception sont empruntées au « droit commun.

« Mais d'une part, les fraudes pour parvenir à « éluder le droit, faussent les actes; et pour démêler « le vrai de l'apparence, on a dû poser en règle que, « pour apprécier la nature des transactions, il ne faut « pas s'arrêter au nom qu'il a plu aux notaires et « aux contractans de leur donner, mais qu'il faut

« considérer le fond des choses, chercher les effets,
« démêler les réalités à travers les termes calculés et
« la phraséologie des actes, là s'établit une lutte en-
« tre les rédacteurs des actes et les agents de l'admi-
« nistration. »

C'est d'après ces principes qu'ont été rendus les deux arrêts de 1832 et de 1833. La cour de Cassation a vu dans le premier une intention pure et simple de frauder le trésor, c'était une mauvaise action qu'elle devait empêcher et c'est ce qu'elle a fait.

Tout le monde sait que dans les théâtres il y a des choses que l'on ne saurait en enlever, sans changer la destination des lieux. Ainsi le lustre, les machines servant à l'éclairage, les rideaux, les coulisses sont choses attachées à perpétuelle demeure à toute salle de spectacle. Une circulaire du ministre des finances a dit que pour la perception des droits d'enregistrement ces choses devaient être considérées comme meubles, mais il faut tenir que cette circulaire ne peut avoir d'effet que vis-à-vis des subordonnés du ministre.

Pour en finir sur cette discussion sur les biens

meubles immobilisés, je devrais parler des mines; mais il me semble que tout ce qui a rapport à cette espèce de biens trouverait mieux sa place dans l'explication de l'article 552 du code civil, pourquoi je laisse de côté cette partie du droit.

Je viens d'entrer dans l'analyse des dispositions du code civil, procédant par voie de synthèse, je vais essayer de condenser les principes qui m'ont dirigé.

La loi reconnaît des immeubles par nature :

Ce sont les fonds de terre et les bâtiments. Toutes choses qui leur tiennent de manière à en faire partie sont immeubles par nature.

Après les immeubles par nature, la loi reconnaît des immeubles par destination. Il y en a de deux sortes. 1° Les meubles que la volonté du propriétaire a attachés à un fonds à perpétuelle demeure, sans que ces choses soient nécessaires à l'exploitation de ce fonds. Ces meubles ne sont immobilisés que s'il existe un signe de leur immobilisation.

2° Les choses placées sur un fonds ou dans un bâtiment dans le but de rendre le fonds ou le bâtiment productifs. Pour ceux-ci l'immobilisation a lieu bien qu'il n'existe pas de signe matériel, qui les joigne aux immeubles.

Je parlerai ci-dessous des droits incorporels, dans lesquels se trouvent les immeubles par la détermination de la loi.

Des meubles.

La loi Romaine comme la nôtre ne reconnaissait que des meubles et des immeubles. Le droit général de la France était conforme à la loi Romaine, mais avant la rédaction du code civil il y avait une troisième espèce de biens, reconnue par quelques coutumes et qui n'était comptée ni dans les meubles ni dans les immeubles. Nous trouvons mention de ces choses dans la coutume de Beauvoisis de Beaumanoir, le nom manque toutefois, mais il n'est pas difficile de voir que ce qu'il dit se rapporte à ce que l'on nommait en Arthois CATHEUX et en d'autres lieux *catels*, *cattels* ou *catteux*.

« Mueble, dit Beaumanoir, si sont toutes les cozes

« qui des heritages issent sitost comme eles sont coil-
« lies, si comme bois quant il est copés, *blés sitost come*
« *il est semés*. Et du blé n'est il pas ainsi en moult
« de païs, ainçois sont heritage dusqu'à tant qu'il est
« soies ; mais à Clermont noz avons trois fois veu
« aprover par jugement que estoit mueble.... et des
« vignes aussi avons-nous veu jugier, que *puisque le*
« *vigne est fete, tant que li roisin sont fourmé, le*
« *despeulle est contée por mueble*, et devant le pris
« du gaaignage de teres est conté por mueble. »

Bouteiller reconnaissait et nommait les cateulx, et Klimrath dans ses études sur les coutumes nous a résumé ainsi le droit ancien en cette matière: «... quel-
« ques coutumes admettent une sorte de biens inter-
« médiaires entre les meubles et les immeubles : Les
« cattels ou catheux. Ce sont des biens réputés im-
« meubles d'après la présomption générale, mais con-
« sidérés néanmoins comme meubles dans certains
« cas particuliers, principalement en partage de com-
« munauté et de succession. »

Laurière en son glossaire adopte aussi cette opinion émise par Ragueau que les cateulx sont biens immeubles de leur nature, réputés meubles seulement dans quelques circonstances. Charondas en ses notes sur Bouteiller rejette cette opinion il appelle de ce nom, à tort ce me semble, tous les biens partagés comme meubles. Loisel en ses institutes coutumières a imité Beaumanoir il a parlé de la chose sans la nommer ainsi il a écrit :

« Fruits pendants par les racines sont immeu-
« bles.

« Toutefois en beaucoup de lieux Foins à couper
« après la mi-Mai, Bleds et autres Grains après la St-
« Jean, ou qu'ils soient noués, et Raisins à la mi-Sep-
« tembre, sont réputés Meubles. »

Les rédacteurs du code civil ont adopté la règle précisée en l'article 88 de la coutume de Paris d'après laquelle il n'y a que deux espèces de biens c'est à savoir des meubles et des immeubles.

La loi divise les biens meubles, en meubles par leur nature, ou meubles par la détermination de la loi.

Les meubles sont toutes choses pouvant se transporter ou être transportées d'un lieu à un autre. Ceci s'applique aux meubles par leur nature, les meubles par la détermination de la loi, sont tous les droits incorporels qui ne sont pas immeubles par l'objet auquel ils s'appliquent.

Dans son édition de Beaumanoir, M. le comte Beugnot a mis cette note : « La distinction entre les « meubles et les immeubles qu'il importe d'établir « clairement dans toute législation, était d'autant plus « nécessaire dans celle de la France au moyen âge, « que le partage des successions, les reprises matri- « moniales, la confiscation des meubles appartenant « aux vassaux, la saisie du temporel des prélats, et « plusieurs autres actes judiciaires, reposaient sur « cette distinction même, que tous les légistes de ce « temps ont cherché à déterminer. »

Il y avait encore une autre raison c'était l'intérêt des nobles familles qui les premières avaient adopté et réglé le régime de la communauté. La perpétuité des biens dans les mêmes maisons était nécessaire à l'ordre établi. Le régime de communauté tendait à tout mêler, tout confondre ; cependant le droit de renonciation apporta à cette tendance un frein, qui bientôt serait lui-même devenu insuffisant. Alors on déclara immeubles, certains objets mobiliers de leur nature.

Dans un arrêt rendu en 1280 entre monseigneur d'Alençon et la comtesse de Blois sur le partage de la communauté, qui avait existé entre cette dernière et son mari, nous trouvons nettement posée la distinction des biens qui étaient alors meubles et immeubles. Cet arrêt étant rapporté au premier volume des *olim* publiés par ordre du gouvernement, il serait inutile de le transcrire ici. Mais il n'est pas inutile de remarquer que par cet arrêt les armes furent déclarées meubles, on n'excepta de cette règle que les *engins*, c'est-à-dire, les choses destinées à la défense des chateaux.

Bouteiller en accordant une armure à l'aîné des hoirs pour lui et son cheval et à la fille aînée l'anneau de mariage, les déclare de la condition des héritages.

Loisel alla plus loin encore il dit: « ... Artillerie est « tenue pour immeubles.

« Comme aussi sont les principales Bagues et « Joyaux, Reliques et Livres des maisons des Princes « et hauts Barons: »

Ainsi cette distinction marchait en se perfectionnant dans l'intérêt de ceux au profit desquels elle avait été constituée.

Maintenant la loi égale pour tous, a soumis à son niveau les princes et les barons.

Cependant si le code civil fut resté muet après avoir donné la définition des meubles, on eut rencontré des difficultés fort graves dans l'application. Le retour aux anciens auteurs afin d'y trouver des exemples nous eut ramenés au point d'où l'on était parti. Les articles 531 et 532 ont posé des exemples dans le but d'éviter les doutes qui sans cela eussent pu s'élever.

« 531. Les bateaux, bacs, navires, moulins et « bains sur bateaux, et généralement toutes usines « non fixées par des piliers et ne faisant point partie de « la maison, sont meubles ; La saisie de quelques uns « de ces objets peut cependant à cause de leur impor- « tance, être soumise à des formes particulières, ainsi « qu'il sera expliqué dans le code de la procédure civile.

« 532. Les matériaux provenant de la démolition « d'un édifice, ceux assemblés pour en construire un « nouveau, sont meubles jusqu'à ce qu'ils soient « employés par l'ouvrier dans une construction. »

Il fallait préciser cela, car autrefois les bacs servant à passer les rivières et les moulins sur bateaux étaient immeubles, s'ils appartenaient à un seigneur qui put forcer ses vassaux de s'en servir. Pour lui c'était un accessoire de son fief. Le moulin en servant pour les vassaux, servait pour des dépendances du fonds, et le bac attaché à certain lieu de la rivière était une dépendance du château dont il facilitait l'approche et la défense.

Quelles que soient ces choses aujourd'hui, elles sont meubles.

Il en est de même des récoltes détachées du sol, à mesure qu'on les sépare de la terre on les mobilise, bien qu'on les laisse sur le lieu. Cela s'applique aux arbres épars, aux bois taillis et aux bois de haute futaie. Sont encore meubles les matériaux provenant de la démolition d'un édifice, ou assemblés pour en construire un nouveau. A ce sujet on s'est demandé si une glace détachée d'un bâtiment pour être soumise à l'étamage, conservait la qualité d'immeuble par destination, qu'elle avait avant d'avoir été détachée. Je crois que l'article 532 tranche la question. Il me semble en effet que la loi n'a pas voulu donner aux céanciers hypothécaires, le droit de suivre entre les mains des détenteurs, les choses réputées meubles, après qu'elles ont été détachées de l'immeuble dont elles faisaient partie. La règle portant qu'en fait de meubles possession vaut titre, pourrait se trouver en opposition avec la décision qui laisserait aux immeubles par destination, après qu'ils ont été détachés, les caractères dont ils jouissaient étant liés à un immeuble. On se prévaudrait en vain de la loi 17 au digeste § 10, *de actionibus empti et venditi*; aujourd'hui, le droit est changé et l'on doit éviter tout ce qui va contre l'économie des lois nouvelles. De bons esprits admettent une solution contraire, je ne saurais me rendre à leurs raisons car ils n'invoquent que la loi Romaine, à mon avis sans autorité puisque le code civil a parlé.

Il est une autre question que j'aurais pu placer à côté de celles relatives aux immeubles par destination. Il s'agit de savoir si les tentures sont aujourd'hui meubles ou immeubles. M. Hennequin les considère comme trop mobiles, pour pouvoir servir aujourd'hui de base à une immobilisation comme une boiserie. Je crois que les juges, souverains appréciateurs des faits, doivent se déterminer d'après les circonstances de la cause, si cette question vient à s'agiter devant eux. Par analogie les bestiaux séparés d'un fonds où ils étaient immeubles par destination reprennent leur première qualité après cette séparation. Par exemple si un individu vend son foin, sa paille, en un mot s'il ne lui reste plus rien pour nourrir les animaux à l'aide desquels il exploite sa propriété, ces animaux redeviendront meubles. C'est aussi ce que la cour de Bourges a jugé le 9 février 1830. De même le 5 août 1829 la cour de Cassation a jugé que les nègres détachés des habitations avaient repris la qualité de meubles.

S'il fallait donner des exemples où les bestiaux placés sur une ferme cultivée par son propriétaire sont meubles, les espèces ne nous manqueraient pas.

Les bœufs qu'un propriétaire achète pour revendre, les cochons qu'il engraisse pour sa consommation ou pour revendre, le cheval qui le porte, les mules sur lesquelles il spécule, la vache qui lui donne du lait, les moutons achetés pour être revendus, sont autant de meubles.

Les choses les plus mobiles sont sans contredit celles dont on fait le commerce. Destinées à être vendues au premier qui se présente, on ne saurait en aucun cas les immobiliser.

J'ai déjà dit quelles choses étaient immeubles par destination, pour les autres voici quelques exemples: Les armoires, les secrétaires, les lits, les fauteuils, les chaises, les tables sont meubles. Il en est de même des rideaux des lits, des rideaux des fenêtres, des porcelaines, des pendules placées sur les cheminées ou dans des armoires.

Les pendules ou horloges placées dans l'épaisseur des murs ou dans tout autre construction tenant au sol sont attachées au fonds à perpétuelle demeure, et par conséquent immeubles par destination, il en est ainsi des cloches des chapelles.

Enfin toutes les choses destinées spécialement à l'usage des personnes, inutiles au fonds sont meubles. On peut citer, la volaille, les chevaux de selle ou de trait, les chiens de chasse, la vaisselle, les armes, les vêtements. Ceci n'est donné que pour exemple.

Des droits incorporels.

Jusqu'à présent, j'ai examiné les choses en elles-mêmes. J'ai pour les classer, tenu compte des circonstances où elles se trouvaient ; mais toujours j'ai eu des corps certains à observer, je n'ai encore vu que des êtres matériels.

En dehors de la nature matérielle, notre volonté s'exerce sur les rapports qui naissent de notre état social ou de nos conventions. Ces rapports sont nommés droits incorporels, choses incorporelles, ou mieux encore droits, purement et simplement.

Nous disons que nous avons des droits, lorsqu'il existe entre nous, ou nos biens considérés comme sujet, et un individu ou la chose d'un individu, un rapport tel que nous pouvons forcer cet individu ou sa chose, à faire, à laisser faire ou à donner quelque chose. Les Romains et tous les peuples ont reconnu l'existence de ces rapports : *Quædam res corporales sunt quædam incorporales*, disent les institutes, *corporales hæ sunt, quæ sui natura tangi possunt, veluti fundus, homo, vestis, aurum, argentum, et denique aliæ res innumerabiles. Incorporales autem sunt quæ tangi non possunt.*

En envisageant bien les choses, rien n'est plus fragile que ces rapports. S'ils sont nés de nos conventions nos conventions peuvent les détruire, s'ils sont nés de l'état des lieux ou de la loi, la confusion des biens d'où ils sortent, entre les mains des mêmes propriétaires les éteint et ne laisse que la réalité. Autrefois on était convenu de dire que les biens incorporels faisaient une classe à part en dehors des biens meubles et immeubles. Ulpien en parlant du pécule des esclaves disait : *In peculio autem res esse possunt omnes, et mobiles et soli : vicarios quoque, in peculium potest halecre, et vicariorum peculium : hoc amplius, et nomina debitorum.*

Lorsque l'on eut érigé en principe que tous les biens étaient meubles et immeubles, les biens incorporels durent se partager, les uns devinrent mobiliers les autres immobiliers. Tous sont des moyens d'acquérir des objets réels, soit en pleine propriété, soit pour un usage plus ou moins long. Des objets d'où naissent ces rapports dérive leur qualité de meubles ou d'immeubles.

Le code civil considère comme immeubles par l'objet auquel ils s'appliquent, l'usufruit des choses immobilières, les servitudes ou services fonciers, les actions qui tendent à revendiquer un immeuble.

Les autres droits sont appelés meubles par la détermination de la loi.

On divise les droits qui nous compèlent en droits sur une chose et droits à une choses. Pour exercer ces droits nous avons l'action personnelle *in personnam* ou *ad rem*, et l'action réelle, *actio in rem*. Quelquefois les actions que nous avons sont mixtes, c'est-à-dire, à la fois réelles et personnelles. Les droits sont antérieurs aux actions, cela a été reconnu par Ulpien, d'où celui qui n'a pac droit n'a pas d'action.

La différence qui existe entre les actions réelle et les actions personnelles, c'est que les actions réelles suivent la chose qui en est l'objet en toutes les mains où elle passe, tandisque les actions personnelles ne s'exercent que contre les personnes qui sont obligées vis-à-vis de nons.

Ainsi, si un individu qui détient notre chose venait à la vendre, nous aurions une action contre le tiers détenteur, ce serait une action réelle, cet individu ne nous étant pas obligé.

Ces règles nous ont été données par le paragraphe 1er aux institutes *de actionibus*.

L'action personnelle est alle que nous avons contre un individu pour l'obliger à remplir une obligation qu'il a contractée soit expressément, par exemple dans une convention, soit tacitement, en gérant nos affaires ou en faisant un acte qu'il doit réparer.

L'action mixte est celle qui est dirigée contre une personne dans le but de lui faire donner ou souffrir une chose déterminée, qu'elle s'est obligée de donner ou de souffrir, de telle sorte qu'elle est à la fois réelle et personnelle.

Dans le droit Romain les actions mixtes étaient celles qui étaient intentées par une individu contre un autre individu dans une matière ou tous les deux pouvaient être demandeurs au-même titre, ou bien encore celles qui tendaient à faire condamner le débiteur à donner au créancier une chose certaine et des dommages-intérêts, ou bien encore celles qui tendaient à la remise d'une chose certaine et au paiement de quelques sommes: Comme si un individu demandait la restitution d'une hérédité, et le paiement des sommes reçues par l'héritier apparent.

Ces diverses actions prennent leur source dans les

droits dont nous jouissons, je l'ai déjà dit. Ainsi pour exercer une action réelle je dois avoir un droit sur une chose, je ne puis avoir une action personnelle, si je n'ai pas le droit d'agir contre un individu obligé vis-à-vis de moi.

On dit improprement que nous avons une action réelle lorsque nous avons le droit de nous faire payer de préférence à tous autres sur le prix d'une chose. Notre droit suit bien la chose en toutes mains, nous avons bien à défaut de paiement le droit de la faire vendre sur tous les détenteurs, cependant nous n'avons jamais droit à cette chose, nous n'avons droit qu'à son prix.

Les glassateurs pour mettre le droit Romain d'accord avec les coutumes, n'ont pas tardé à dire: *actio ad mobile est mobilis, ad immobile est immobilis.* Le partage des droits entre les deux classes de biens meubles et immeubles se trouvait ainsi fait.

J'ai déjà parlé d'un arrêt rendu en 1280 entre le duc d'Alençon et la comtesse de Blois, je dois y revenir car il y est dit que les créances étaient alors meubles partageables entre la femme et les héritiers du mari au décès de celui-ci.

Beaumanoir partage aussi les biens incorporels en meubles et en immeuble : « L'eritage, dit-il, si sont « cozes qui ne poent estre meues et qui valent par « anées as signeurs à qui ils sont, si comme teres « gaignables, bois, prés, vignes, gardins, *chens*, « *rentes*, fours, moulins, pressoirs, mesons, qui sont « droites tant come eles tiennent à quevilles, yaues, « uzages, mais qu'ils soient tenus de segneurs ; cor- « vées, homages, travers, tonlix : toutes tix cozes « sont heritage. »

Otons de cette nomenclature, les cens, les droits de passe, d'entrée, *chens, travers et toulix*, qui tenaient aux fiefs comme les droits d'hommage, nous trouverons encore des droits incorporels, les rentes mêlés avec les immeubles. Il avait paru injuste de faire tomber en communanté une chose donnant un revenu perpétuel, dès lors on avait exclu de la classe des meubles tout ce qui valait par années suivant les expressions du bailli de Clermont.

Toutes les rentes, rachetables ou non, furent déclarées immeubles par toute la France. Les rentes viagères furent en 1380, ainsi que le rapporte Bouteiller, déclarées immeubles ; cependant cette juris-

prudence fut contestée, car Loisel en ses institutes coutumières, après avoir posé la règle générale, tous biens sont meubles ou immeubles, ajoute: « Im-
« meubles sont Biens Aleuds, Amortis, Féodaux,
« Roturiers, tenus à Droiture, Cens, et Rentes fon-
« cières et constituées, Beaux d'heritages à Emphytéo-
« se, et longues années ou à faculté de Rachat, Usu-
« fruit, Douaire, et autres choses qui rendent Revenu
« legitime. »

Nous ne trouvons point, là, mention des rentes viagères. Les coutumes étaient divisées sur la qualité des rentes constituées à prix d'argent. La plus grande partie les comptait avec les immeubles, celles de Paris et d'Orléans en avaient des dispositions formelle. Le savant Pothier qui écrivait à Orléans adoptait la solution donnée par sa coutume, mais il doutait qu'elle fut applicable aux rentes viagères.

Le code civil a dit quelles choses, si le nom de chose peut s'appliquer à des droits incorporels, étaient meubles et immeubles. J'ai déjà rapporté la nomenclature de celles qui sont immeubles par l'objet auquel elles s'appliquent, quand aux meubles par la détermination de la loi, voici comment notre loi s'explique :

« 529. Sont meubles par la détermination de la « loi, les obligations et actions qui ont pour objet « des sommes exigibles ou des effets mobiliers, les « actions ou intérêts dans les compagnies de finance, « de commerce ou d'industrie, encore que des im- « meubles dépendants de ces entreprises appartien- « nent aux compagnies. Ces actions ou intérêts sont « réputés meubles à l'égard de chaque associé seule- « ment tant que dure la société.

« Sont aussi meubles par la détermination de la « loi, les rentes perpétuelles ou viagères, soit sur « l'état soit sur les particuliers.

« 530. Toute rente établie à perpétuité pour le « prix de la vente d'un immeuble ou comme con- « dition de la cession à titre onéreux ou gratuit d'un « fonds immobilier est essentiellement rachetable.

« Il est néanmoins permis au créancier de régler « les clauses et conditions du rachat.

« Il lui est aussi permis de stipuler que la rente ne

« pourra lui être remboursée qu'après un certain
« terme, lequel ne peut jamais excéder trente ans
« toute stipulation contraire est nulle.

Les questions les plus difficiles se sont élevées sur les articles 526, 529 et 530 qui partagent les biens incorporels en meubles et en immeubles.

D'abord on s'est demandé quelle était la nature des actions d'une société constituée pour l'exploitation d'un canal, d'une houlière ou des sociétés établies pour l'achat et la revente des biens immeubles. Un arrêt de la cour de Paris du 17 février 1809 a décidé que les actions du canal de Briare étaient immeubles. Il y avait là une erreur évidente et la cour de Cassation a jugé que l'article 529 s'était formellement expliqué et s'étendait à toutes les sociétés de commerce. Voici son arrêt rendu le 14 avril 1824.

« Attendu que d'après l'article 529 du code civil
« toutes actions sur le produit d'une association de
« finance, de commerce ou dindustrée, sont réputées
« mobilières et déclaries telles par la détermination
« de la loi, lors même que cette association est pro-
« priétaire d'immeubles, quelle que soit l'origine de

« ces actions et soit qu'elles tiennent à un intérêt
« dans l'entreprise, ou à de simples droits aux pro-
« duits ; que c'est seulement lorsque l'association
« cesse d'exister que la fiction disparaît et que les
« immeubles qui faisaient l'instrument ou la garantie
« de ses opérations reprennent leur caractère origi-
« naire et doivent en subir les conséquences ;

« Attendu que, d'après la généralité des expres-
« sions de cet article, les produits divisés entre les ac-
« tionnaires ou intéressés des droits de péage perçus
« sur les denrées, marchandises ou objets quelcon-
« ques transportés par le canal de Briare, en vertu
« d'une concession ancienne du souverain, et en fa-
« veur d'une association autorisée par lui, quoiqu'à
« raison de cette entreprise, cette même association
« soit copropriétaire d'immeubles d'une valeur plus
« ou moins importante ; que ces produits doivent
« être réputés meubles et sont nécessairement compris
« dans l'application de l'article 529 ci-dessus puis-
« qu'aucun des individus qui composent le corps de
« l'association n'est propriétaire des immeubles ap-
« partenant à l'association pendant la durée de la
« société.

« Attendu que cet article a dérogé à la législation « ancienne et a établi un droit nouveau qu'il devient « indispensable de suivre, quels que soient d'ailleurs « les principes généraux. »

La cour de Cassation avait déjà rendu un arrêt dans le même sens, sur un procès relatif à des mines, le 7 du même mois.

Ces décisions sont approuvées par la majorité des jurisconsultes; mais si la société par ses agents vendait des immeubles, ces biens vis-à-vis des acquéreurs comme vis-à-vis de la société conserveraient leur caractère naturel. Les actions des sociétés seulement sont immeubles, mais elles le sont dans tous les cas.

« Chacune de ces compagnies est une personne « morale qui agit, administre et régit les affaires de « l'association d'après des statuts qui règlent le nom- « bre, la qualité et les attributions de chacun de ses « agents : ceux-ci en se conformant à leur mandat « obligent l'association, et le résultat de leurs opéra- « tions peut être de créer des hypothèques et par une « suite inévitable de donner lieu à des poursuites en

« expropriation forcée des immeubles appartenant à « l'association et qui conservent leur qualité d'im- « meubles sous tout autre rapport que celui des ac- « tionnaires considérés individuellement. Chacun des « sociétaires ou des intéressés ne pourrait sans doute « hypothéquer sa portion virile dans ces immeubles, « et son droit se borne à demander soit son dividende « d'après le contrat de société, soit, lors de la disso- « lution de la société, la liquidation de sa portion « afférente dans l'association ; mais tant que dure la « société il n'est pas propriétaire de sa portion de l'im- « meuble dont il ne peut user, mais de sa portion « dans la valeur de cet immeuble. C'est donc avec « raison que le projet de loi statue que, pendant la du- « rée de la société, et relativement à chaque sociétaire « seulement, les actions et intérêts dans les compa- « gnies de finance, de commerce ou d'industrie sont « meubles, quand même des immeubles dépendraient « de ces entreprises. » (Rapport au tribunat par Goupil Préfeln).

La question est nettement tranchée par ces explications tout-à-fait satisfaisantes ; cependant elle peut se reproduire sous une autre forme, ainsi des associés en nom collectif sont propriétaires d'immeubles, l'un d'eux vend son intérêt dans l'association, cette vente sera-t-elle de meubles ou d'immeubles ? J'avoue que la question, ainsi posée, parait très difficile à décider. Si l'on s'en rapporte aux procès-verbaux du conseil d'état il y aura vente d'immeubles ; d'après cela l'article 529 applicable aux actionnaires ne le serait pas aux co-associés co-propriétaires. L'article me semble bien décider positivement le contraire, et si je ne savais pas avec notre Boncenne que l'on ne doit pas s'ingérer de mieux savoir la loi que ceux qui l'ont faite je ne douterais pas. Toutefois si M. Tronchet a dit après M. Cambacérès que l'action était meuble toutes les fois seulement qu'elle ne rendait pas co-propriétaire des immeubles et ne soumettait pas aux demandes qui peuvent être formées contre la société, si le conseil d'état a adopté cette distinction, la rédaction définitive la repousse évidemment.

On avait, au conseil d'état, fait une grande différence entre l'action et l'intérêt, M. Tronchet disait ;
« L'intérêt rend associé et co-propriétaire, l'action
« ne rend que commanditaire, et ne donne droit qu'à
« la somme que l'on a fournie.

« Le consul Cambacérès dit que cette distinction « est très exacte ; mais qu'il est nécessaire qu'on la « trouve dans la rédaction. »

La rédaction définitive de notre article a placé sur la même ligne l'intérêt et l'action. La distinction admise d'abord, a été rejetée ensuite par un de ces votes tacites, que la sténographie seule peut rendre.

Lorsqu'en 1789 la liberté et l'égalité trop longtemps foulées aux pieds se dressèrent violemment pour reprendre leur place dans la société d'où elles avaient été bannies, elles cherchèrent à se mêler à toutes les institutions. La loi du devoir un moment obscurcie en 1793 par les deux autres principes est revenue s'allier avec eux pour leur faire perdre leurs vives arêtes et les plier aux besoins de notre ordre social. En 1789 la propriété surchargée de redevances se transmettait difficilement. Une infinité de droits à payer soit aux Seigneurs soit aux vendeurs successifs entravait le commerce. Tout cela dut perdre le caractère de perpétuité que la loi donnait alors. Le code civil œuvre des plus savants jurisconsultes de l'assemblée constituante est empreint de l'esprit dont cette assemblée était animée ; aussi tous les droits sont-ils aujourd'hui rachetables. Par là se trouvent ménagées la liberté et l'égalité des choses, comme celles des personnes le sont dans l'ordre politique qui proclame notre égalité devant la loi.

Ainsi les rentes foncières établies pour le prix de vente d'un immeuble, les rentes constitueés et les rentes viagères son meubles aujourd'hui. Il ne saurait y avoir de doutes à cet égard, je ne soulèverai point ici les questions qui sont ordinairement présentées sur les rentes, je ne m'occupe que de la distinctions des biens en meubles et en immeubles.

Souvent la redevance annuelle au lieu d'être d'une somme d'argent est d'une certaine quantité de fruits, d'autres fois encore la cession de l'immeuble n'a lieu que pour un certain temps.

Ainsi, On nomme terrage, le droit par lequel le concessionnaire d'un immeuble s'est réservé une portion de la récolte de chaque année.

Champart à la même signification que terrage, et le bail à complant perpétuel était encore la même chose.

La propriété du sol, dans ces contrats, reste au preneur, le bailleur n'a qu'une rente en fruits au lieu d'une rente en argent, il ne possède que des meubles; dans d'autres contrats, au contraire, le fonds doit revenir au bailleur, comme dans le louage ordinaire, le bail à vie, l'emphytéose : il faut examiner attentivement quelle est la nature des droits soit du bailleur soit du Preneur.

Il faut d'abord déterminer les droits du preneur lorsqu'il afferme une maison ou une propriété. A mon sens lorsqu'un individu a acquis le droit de jouir d'une chose, soit comme fermier, soit comme locataire, il a le droit de suivre cette chose dans toutes mains pour exercer son droit. De là, il a ce qu'on appelle un droit dans la chose *jus in re*. Cependant je ne crois pas que ce droit lui permette de compter ce droit comme étant immeuble. C'est un droit ressemblant à celui que donne l'hypothèque, réel parcequ'il suit l'immeuble en toutes mains, mobilier parcequ'il ne donne qu'une portion des fruits, le bailleur recevant toujours le plus clair du revenu. Le bail à ferme n'impose pas au fonds une charge d'où sa valeur soit détériorée ; au contraire celui qui loue ses biens les rend productifs. Si les articles 1743 et 1761 du code civil n'avaient pas donné au fermier et au locataire, le droit de retenir la jouissance de l'objet affermé, ceux-ci n'auraient qu'une action en dommages-intérêts au cas ou l'on viendrait à les expulser, mais ils ont un droit qui s'attache à l'immeuble *sicut lepra cuti*, partout et toujours ils ont droit d'en garder la jouissance, donc leur droit est sur la chose elle-même.

Naguères une nouvelle théorie sur la nature des droits *in re*, *in rem* et *in personam* s'est produite. J'ai déjà eu occasion de dire ce que je pensais de ces droits, mais je dois revenir sur ce sujet.

J'ai distingué l'action *in rem* et l'action *in personam*; La première découlant de *jus in re* la seconde du *jus in persona*. La première qui se poursuit contre une chose, la seconde contre un individu.

M. Marcadé, distingue le *jus in re* du *jus in persona*, le *jus in re* est à son tour opposé au droit contre les personnes. Ainsi ce jurisconsulte établit deux sortes de droits contre les immeubles : Le droit dans la chose, et le droit sur la chose. Le *jus in re* est celui du propriétaire à l'abri de toute contestation. Possesseur paisible de ses immeubles, il sème, il plante, il bâtit, nul ne conteste ses droits.

Le *jus in rem* est celui qui appartient à l'homme

dépossédé.

Il faut revenir aux principes sur cette matière, afin de démontrer l'erreur où me semble tomber l'auteur des éléments du droit civil Français.

Les droits *in rem*, *in personam* et *in re* sont des expressions nouvelles, inconnues des jurisconsultes de Rome, mais ils connaissaient les actions *in rem*, et *in personnam*.

Ainsi Gaïus disait : *Si quœramus quot genera actionum sint, verius videtur duo esse, in rem et in personam. In personam actio, quoties cum aliquo agimus, qui nobis vel ex contractu, vel ex delicto obligatus est, id est, quum intendimus dare facere prœstare oportere. In rem actio est, quum aut corporalem rem intendimus nostram esse, aut jus aliquod nobis competere, velut utendi fruendi, eundi, agendi aquamve ducendi vel altius tollendi vel prospiciendi. Appellantur autem in rem quidam actiones vindicationes; in personam verò actiones, quibus dare fierive oportere intendimus, condictiones,*

Ainsi, point établi, Gaius ne reconnait que deux espèces d'actions, *les actions in rem* et les actions *in personam*. Or c'est de là que plus tard on a distingué deux espèces de droits, les droits contre les choses et les droits contre les personnes.

Lorsque Servius Sulpicius Rufus eut accordé, contre tous, au propriétaire d'un fonds, la faculté de suivre les meubles du fermier de ce fonds pour les faire revenir dans sa propriété, il ne créa pas une troisième espèce d'actions. C'était une revendication qui était accordée, puisque toutes les actions étaient des *vindicationes* ou des *condictiones*, ellé partait d'une *jus in re* et s'exerçait *in rem*. L'hypothèque vint peu après s'impatroniser dans les mœurs des Romains. L'action qui en dériva fut appelée quasi-Servienne ; elle était aussi une revendication. On chercherait vaïnement dans les textes du droit Romain ces expression *jus in re*, *jus in rem* avec le sens qu'on leur donne maintenant. Le *Brachylogus legum*, composé dans le 11eme ou le 12eme siècle, est le premier ouvrage de jurisprudence où l'on parle des droits réels et des droits personnels, *jus in re*, *jus in persona*. De là je tire cette conquence que la distinction tripartite de M. Marcadé est sans fondement dans l'histoire du droit.

La distinction du Brachylogus vient de celle admise entre les actions. On ne saurait avoir d'action quand on n'a pas d'intérêt, donc l'action *in rem* ne compète pas au propriétaire détenteur de sa chose, donc ce n'est pas à lui que l'on a pu donner le *jus in re*.

Le propriétaire est censé détenir physiquement les objets qui lui appartiennent; s'ils viennent à lui échapper il les revendique et c'est alors que par le fait d'un individu, que le *jus in re* qui lui échet en place de ses biens lui donne l'action *in rem*.

Les attaques de M. Marcadé ne peuvent faire fléchir ces principes sur lesquels tous les auteurs ont été d'accord jusqu'à nos jours.

A l'aide de cette division cet auteur arrivait à dire que l'hypothéque ne donnait pas le droit *in re*, et pour lui tous les droits *in re* devenaient immobiliers, car depuis longtemps nos praticiens ont, par un abus de langage contre lequel on ne saurait trop s'élever, établi une identité entre les droits réels et les droits immobiliers, les droits personnels et les droits mobiliers. J'ai dû m'arêter sur la nature des droits réels et des droits personnels, car c'est à l'aide de sa doctrine que M. Marcadé arrive à dire que le fermier d'un domaine ne peut avoir un *jus in re* sur ce domaine.

Je reviens à l'Emphythéose. Sous l'ancienne Jurisprudence lorsque ce contrat intervenait, par suite de la distinction admise par les Romains entre les biens *mancipi* acquis dans les formes légales, et ceux qui avaient été acquis sans l'observation de ces formes, on disait que le bailleur avait le domaine direct de la propriété dont le preneur avait le domaine utile. Ainsi la chose *mancipi* vendue et livrée sans que le magistrat fut intervenu, était *in bonis*, dans les biens de l'acheteur, et restait dans le domaine Quiritaire du vendeur.

Nous ne connaissons aujourd'hui qu'un domaine on est propriétaire ou on ne l'est pas. C'est pourquoi les rentes ont été déclarées rachetables. M. Treilhard présentant au corps législatif le titre premier du livre second du code civil disait : « Ou l'on a une propriété pleine et entière, qui renferme également et le « droit de jouir et le droit de disposer ; ou l'on n'a « qu'un simple droit de jouissance, sans pouvoir « disposer du fonds ; ou enfin l'on a que des services « fonciers à prétendre sur la propriété d'un tiers ; « services qui ne peuvent être établis que pour l'usa-

« ge et l'utilité d'un héritage ; services qui n'entraî-
« nent aucun assujettissement de la personne; servi-
« ces enfin qui n'ait rien de commun avec les dépen-
« dances féodales brisées pour toujours. »

De là suit que le domaine direct et le domaine utile ne peuvent être séparés:l'on a,ou l'on n'a pas, la propriété d'une chose.

Or dans l'emphythéose, la propriété dont il s'agit doit revenir au cédant c'est donc lui seul qui est propriétaire de l'immeuble. Cette solution est contestée par les auteurs les plus recommandables, ainsi M. Duvergier a écrit : « L'emphythéote jouit en qualité
« de propriétaire. Il peut aliéner, hypothéquer
« l'héritage sauf les droits du bailleur à l'expiration
« du terme fixé, ou au moment de la résolution du
« contrat. »

En conséquence la cour de cassation a jugé le 1er avril 1840 que la vente d'un droit d'emphythéose était de la part du preneur la vente d'un immeuble.

Déjà elle avait jugé, et même plusieurs fois, que le droit de l'emphythéote était susceptible d'être hypothéqué, M. Troplong dont l'opinion est d'un si grand poids enseigne cette dernière doctrine en son traité des hypothèques N° 404, par la raison que le bailleur a aliéné temporairement le domaine utile de sa propriété.

Le temps a marché depuis la division des choses en *mancipi* et en *nec mancipi* c'est pourtant cela qui nous a donné le domaine direct et le domaine utile, à moins que l'on ne veuille admettre comme certains le faisaient jadis; la disparition subite du droit Romain après l'invasion des barbares. M. Savigny a fait justice de cette erreur. Lorsque la féodalité s'est constituée, elle a pris dans l'ancien droit tout ce qui pouvait lui servir. Le droit des Seigneurs a représenté le droit du vendeur tant que l'usucapion n'avait pas fait acquérir le domaine entier de la chose à l'acheteur. Tout cela s'est envolé. Dira-t-on que l'emphythéote est un usufruitier; mais l'emphythéose est un contrat par lequel un individu céde à un autre une propriété pour un certain temps moyennant une redevance annuelle. L'usufruitier ne doit aucune redevance. L'emphythéote peut changer la disposition des lieux et l'usufruitier doit la conserver; Il y a donc deux points fort essentiels par lesquels l'usufruitier et l'emphytéote se trouvent différenciés.

Cherchons dans les procès-verbaux du conseil d'état les lumières qui nous manquent. Une fois, une seule fois il y fut question de l'emphytéose, c'était à l'occasion du titre des hypothèques.

« M. Jollivet dit que l'emphytéose n'a jamais été « susceptible d'hypothèque. Il observe que ce princi- « pe n'est pas rappelé dans le chapitre 3, sans doute « que le silence de la section vient de ce que l'on n'a « pas cru devoir parler de l'emphytéose dans les au- « tres parties du code civil.

« M. Tronchet dit qu'on n'employait autrefois « l'emphytéose que pour éviter les droits seigneuriaux; « maintenant elle n'aurait plus d'objet il était donc « inutile d'en parler. »

M. Tronchet qui ne comprenait plus l'emphytéose proscrivait ce contrat. Ce n'est plus qu'un louage. On ne peut pas dire que l'individu qui a gardé sa propriété qui en touche les revenus n'a pas le domaine direct et le domaine utile de cette propriété. Cette opinion n'est pas nouvelle, j'ai pour moi l'autorité de MM. Delvincourt et Zachariæ. Mes raisons sont peut-être bien faibles en présence de la presque unanimité des auteurs ; cependant l'histoire de droit, le

vœu du législateur de déroger aux anciens principes, m'ont seuls amené au résultat où je suis. La lettre de la loi me vient encore en aide: l'article 543 du code civil ne reconnait que des propriétés, des droits de jouissance, et des services fonciers. M. Treilhard en presentant cet article au corps législatif s'exprimait ainsi : « Enfin, le dernier article de la loi nous ra-
« mène à ce que nous vous annoncions en commen-
« çant : On ne peut avoir sur les biens que trois sor-
« tes de droits: ou un droit de propriété, ou une sim-
« ple jouissance, ou seulement des services fonciers.
« Ainsi notre code abolit jusqu'au moindre vestige de
« ce domaine de supériorité jadis connue sous les
« noms de Seigneurie féodale et censuelle. »

Par toutes ces raisons je ne donnerais qu'un droit de jouissance à l'emphytéote, dont les droits n'ont pas été établis à perpétuité, par conséquent ce droit de jouissance est mobilier.

Mais s'il s'agissait d'un droit d'emphythéose ou de champart, établi avant la loi du 29 décembre 1790, laquelle les a maintinus tels qu'ils avaient été établis, la question serait qlus dificile. Un avis du conseil d'état conserva dans la main des bailleurs ou de leurs héritiers et représentants la propriété des biens concédés. Cet avis du conseil d'état me semble abrogé. Comme le disait M. Treilhard nous ne voulons plus de seigneurie censuelle. « Dans ces contrées, on ne « peut supporter des charges ou des servitudes éter-« nelles. L'imagination inquiète, accablée par la per-« spective de cette éternité, regarde une servitude « ou une charge qui ne doit pas finir comme un mal « qui ne peut être compensé par aucun bien. » (M. « Portalis au corps législatif). Les bailleurs n'ont conservé qu'une rente et cette rente doit être meuble aux termes de l'article 529 du code civil et rachetable aux termes de l'art. 530.

Je ne vois pas comme contraires à ce système tous les arrêts rendus en ces matières. Toutes les fois que le prix est payé d'un seul bloc il y a aliénation de la jouissance. C'est un droit d'usufruit qui est concédé dès lors ce droit d'usufruit devient un immeuble dans la main du preneur, *sic voluère leges*. Par quoi je dirai avec la cour de Cassation qu'un bail à métairie perpétuelle de la marche a dû transporter la propriété au preneur ; cependant après l'avoir ainsi jugé le 2 mars 1835 elle est revenue sur sa jurisprudence par deux décisions, la première du 11 août 1840, la seconde du 30 mars 1842. (1)

Dans l'ancienne province de Bretagne on connaissait sous le nom de domaine congéable, un contrat par lequel celui qui avait la pleine propriété d'un fonds en cédait la superficie à un autre, avec la faculté de jouir du fonds, moyennant une rente annuelle et sous la condition que le bailleur pourrait reprendre son domaine en payant au colon le prix des édifices et de la superficie sur le pied de ce qu'ils valaient lors pe l'expulsion ou congément. (Revue de législation t. XVII p. 323.)

Quatre lois de notre époque révolutionnaire ont été rendues sur ce sujet. La seconde et la troisième ont été abolies par la dernière, nous n'avons plus que la première en date du 6 août 1791 à examiner. Elle porte que les édifices et la superficie sont immeubles pour les preneurs et meubles pour le bailleur, Les droits se trouvant établis de la sorte il ne peut y avoir de doute, car ils ne sont pas comptés dans les biens des uns et des autres sous la même dénomination. Il n'y a plus, de domaine utile et de domaine direct,

(1) *Sic* Codes: Hollandais, 564; Sarde 407; des deux Siciles 449.

dans cette espèce de contrat: partant le code civil n'a apporté aucune dérogation à la loi de 1791.

Le fonds fait toujours partie des immeubles du bailleur.

Si ce contrat fût resté soumis au droit commun, le bailleur eut seul été propriétaire d'immeubles et le preneur n'eut eu que des meubles. Mais les règles générales cèdent devant une loi spéciale.

J'arrive au droit d'usage, sera-t-il meuble ou immeuble ?

Avant d'examiner cette question il faut rappeler les termes de l'article 526 du code civil.

« Sont immeubles par l'objet auquel ils s'appli-
« quent, dit cet article, l'usufruit des choses immobilières ;

« Les servitudes et services fonciers ;

« Les actions qui tendent à revendiquer un im-
« immeuble. »

Il faut donc voir, ce que c'est que l'usufruit des choses immobilières ce que l'on entend par servitudes ou services fonciers, et enfin par action tendant à revendiquer un immeuble.

« L'usufruit est le droit de jouir des choses dont « un autre a la propriété, comme le propriétaire lui-même, à la charge d'en conserver la substance. » (C. C. 578).

Dans l'établissement d'un droit d'usufruit la propriété se trouve passagèrement aliénée, Les droits du nu-propriétaire restreints à une simple surveillance sont nuls sur la jouissance. Enlevez au nu-propriétaire la faculté de disposer de son droit, celui de voir si la substance n'est pas attaquée et enfin d'intenter l'action pétitoire contre les tiers qui viendraient envahir sa chose; pour tout le reste il n'est pas, un autre le remplace.

Il ne sera pleinement propriétaire, qu'au jour où la condition suspensive qui l'empêche de jouir viendra à cesser.

L'usufruitier ayant les droits du propriétaire, possède l'immeuble, c'est pourquoi son droit est classé dans ses biens immobiliers.

« Une servitude est une charge imposée sur un « héritage pour l'usage et l'utilité d'un héritage ap- « partenant à un autre propriétaire. » (C. C. 637).

Sans héritage dominant il n'y a point de servitude.

Cette charge due par un fonds à un autre fonds, est un accessoire de l'immeuble qui la réclame et elle en prend la qualité.

Quand aux actions qui tendent à revendiquer un immeuble, elles tiennent lieu des immeubles eux-mêmes dans les mains de ceux auxquels elles compétent.

Ainsi dans tous les cas où la loi voit des immeubles par l'objet auquel ils s'appliquent, il y a un démembrement de la propriété au profit de ceux qui comptent ce démembrement entre leurs biens immeubles.

J'ai méconnu ce démembrement dans l'emphytéose, je ne le vois pas dans le droit d'usage.

On dit, l'usufruit et l'usage se constituent et s'éteignent de la même manière, il ne saurait y avoir de différence entre eux. Mais l'usufruitier jouit de la chose comme le propriétaire lui-même, il en a le domaine direct et le domaine utile, et il n'en est pas ainsi de l'usager. Celui-ci ne peut céder son droit à un autre : à défaut de convention sur la manière de l'exercer, il ne peut exiger autre chose que ce qu'il lui faut pour ses besoins et ceux de sa famille, soit qu'il s'agisse d'un bien rural, soit qu'il s'agisse d'une maison.

Les fruits appartiennent donc au propriétaire comme le fonds. Il a le droit de suivre, pas à pas, l'usager pour voir s'il n'abuse pas de la concession qu'on lui a faite. Le propriétaire ne laisse à l'usager que les fruits dont celui-ci a besoin : il peut arriver que tout soit englobé, comme il peut arriver qu'il y ait du reste.

Par ces raisons je crois que le droit de l'usager est mobilier. La question a été résolue différemment par beaucoup d'auteurs, notamment par MM. Duranton et Proudhon. Ces messieurs se sont déterminés par la raison que le *jus in re* était acquis à l'usufruitier et à l'usager. La difficulté n'est pas là, il s'agit de savoir si l'usager a, ou non, un démembrement de la propriété. L'hypothèque donne le droit *in re*, cependant l'hypothèque n'est pas comptée dans les immeubles d'un créancier, par suite le *jus in re* ne suffit pas pour constituer un droit immobilier, ainsi je ne consentirai point à regarder un droit d'usage comme un immeuble.

Si une succession et une communauté possèdent des meubles et des immeubles et qu'il faille déterminer la nature des droits des communistes, on pourra se trouver embarrassé. Je pense cependant que les droits des héritiers se décomposent en meubles et en immeubles. En effet lorsqu'un individu décède, sa place se trouve remplie aussitôt. Le mort saisit le vif et tous les héritiers du même degré succèdent par égale portion aux meubles et aux immeubles. Chacun d'eux a droit à recevoir en nature la part qui lui revient en meubles et en immeubles. Chacun d'eux a donc des meubles et des immeubles.

Si la communauté conjugale existe, le mari administrateur des biens dont elle est composée possède seul ces biens. Il en est seigneur et maître, disait la coutume de Paris dont les principes se retrouvent dans notre législation moderne. La femme n'a rien encore que l'espérance. Tant que l'être moral existe elle est dans la position d'un simple actionnaire dans une société en commandite.

Au moment de la dissolution, les communistes se trouvent, comme les héritiers, appelés à réclamer leurs biens en nature; ainsi leur action en partage est à la fois mobilière et immobilière s'il existe des meubles et des immeubles dans la communauté, ou dans la succession.

Toutes les actions ayant pour but la réclamation d'un immeuble sont immobilières, la loi ne distingue pas entre elles, et n'examine pas la source dont elles procèdent.

Un individu malgré l'incapacité dont la loi le couvre aliène un immeuble, s'il veut le reprendre plus tard son action rentrera dans la classe des immeubles. Cependant il devra faire juger son incapacité et sous ce rapport son action sera personnelle contre l'acquéreur de son domaine; car lui seul aura la possibilité de défendre à l'action d'incapacité. Il en sera de même si le vendeur veut rentrer dans un immeuble aliéné par suite du dol de l'acquéreur. Le dol doit être jugé contre celui qui l'a employé, sous ce rapport l'action est personnelle, elle est encore immobilière, car elle a pour but un immeuble.

Un individu a vendu un fonds à reméré, le droit qu'il a de rentrer dans ce fonds est un immeuble : ainsi de l'action en rescision qui compète au vendeur pour lésion de plus des sept douzièmes. Ainsi de l'action en rescision d'un partage pour lésion de plus du quart.

M. Proudhon a posé plusieurs questions sur le second paragraphe de l'article 526, je vais en prendre quelques unes :

Si un individu a légué dix mille francs à sa veuve et a déclaré dans son testament qu'il voulait que son héritier eut la faculté d'acquitter ce legs en délivrant à sa veuve, un pré qu'il a désigné, le legs sera compté dans les biens meubles de l'épouse. Il ne pourrait devenir immeuble, même si l'héritier avait opté pour la délivrance du pré.

Il en serait de même si Titius m'avait légué son cheval ou sa vigne, au choix de son héritier.

Si Paul m'avait promis comme clause pénale, de me donner sa vigne s'il ne faisait pas telle chose, et qu'il ne remplit pas son obligation, mon action serait immobilière.

Un homme s'engage vis-à-vis de Titius à bâtir un édifice sur un certain fonds, puis il refuse de tenir ses engagements ? L'action de Titius sera mobilière parceque toute action de faire ou de ne pas faire se réduit en dommages intérêts. M. Proudhon y voit de grands inconvénients, ce système lui paraît entraîner les absurdités les plus choquantes.

« Supposons en effet, dit-il, qu'après avoir arrêté « son marché, le créancier soit décédé, laissant deux « légataires à titre universel, l'un de tout son mobi- « lier et l'autre de tous ses immeubles : l'action à « exercer contre l'entrepreneur fera bien certaine- « ment partie de la succession, et appartiendra in- « contestablement à l'un ou à l'autre de ces légatai- « res ; mais si l'on suppose que cette action soit mo- « bilière par qui pourra-t-elle être exercée ? »

L'hypothèse du savant professeur ne détruit pas ce que j'ai avancé. Malgré sa nature mobilière, l'action compètera au légataire des immeubles. Il n'y a rien en cela qui choque la raison. Les juges chargés d'interpréter un acte de dernière volonté, essaient de trouver la pensée du rédacteur, afin de lui donner leur appui ; or il verraient dans la concordance du legs et du marché l'intention bien formelle du testateur de donner au légataire de ses immeubles un édifice nouveau. Que si des matériaux se trouvaient amassés par ce propriétaire : l'édifice se commence, le constructeur vient à décéder, ces matériaux quoique meubles ne passeraient-ils pas au légataire des immeubles? Je crois que les juges tiendraient pour l'affirmative et ils seraient d'accord avec l'esprit du testament.

On devrait appliquer ces solutions au cas où le défunt aurait fait marché avec un laboureur, pour que celui-ci ensemençât ses terres.

La plus grave de toutes les questions soulevées sur l'interprétation de cette partie de l'article 526, qui déclare les actions en revendication des immeubles, de la même nature que ces biens, est celle qui consiste à savoir à qui du légataire des meubles ou des immeubles compète l'action en résolution de la vente d'un immeuble pour cause de non paiement du prix de vente. J'ai encore dans cette circonstance le malheur de me trouver en désaccord avec le célèbre auteur du traité des droits d'usufruit.

La propriété du fonds est passée à l'acquéreur. Le droit de faire résoudre la vente n'a pour but que d'assurer le paiement du prix de cette vente. C'est une créance assurée par une action en résolution qui est un *jus in re*, au lieu d'une créance hypothécaire qui s'étaie aussi sur un *jus in re*.

De même que le créancier hypothécaire, le vendeur n'a qu'une créance et l'article 529 déclare qu'elle est meuble ; donc le légataire des meubles a droit, en cas de non paiement, de reprendre l'objet vendu. Si l'acquéreur venait à être évincé son action en garantie se résoudrait ne dommages-intérêts, or ces dommages-intérêts ne seraient-ils pas dus par le légataire des biens meubles ? Les charges pesant sur lui l'émolument doit lui revenir.

On s'est demandé si l'article 526 était limitatif ou énonciatif. A mon sens cet article est limitatif. C'est pour sortir de cette difficulté que M. Marcadé a inventé une division inconnue jusqu'à lui et à laquelle il me reste à faire une dernière objection : C'est qu'en latin on peut bien dire *actio in rem*, *actio in personam*: Le droit est en mouvement. On peut même à la rigueur en joignant ensemble *jus in rem* et *jus in personam* mettre *res* et *persona* à l'accusatif, mais je crois qu'il y a faute à dire *jus in rem*, ou *jus in personam* en parlant d'un seul des deux, alors il faut dire *jus in re, jus ad personam.* (1)

Le tribun Savoie Rollin croyait aussi que l'article 526 était limitatif, puisqu'il disait au corps législatif, qu'il dissipait « les incertitudes de la jurisprudence « sur les choses *réelles* ou *personnelles, corporelles* « ou *incorporelles.* »

Résumant donc les principes sur les meubles, les meubles par la détermination de la loi et les immeubles par l'objet auquel ils s'appliquent, je les rendrai ainsi :

Sont meubles tous les objets susceptibles d'être transportés d'un lieu à un autre, quand ils ne sont pas immeubles par destination.

Sont immeubles par l'objet auquel ils s'appliquent :

(1) Il y a une erreur à la page 117 § 3me. Au lieu de dire le *jus in re* est à son tour opposé au droit contre les personnes, il faut mettre : au droit contre les biens *jus in rem.* ainsi M. Marcadé distingue le droit dans la chose *jus in re*, droit contre la chose *jus in rem.* Le droit dans la chose est immobilier le droit contre la chose est mobilier.

1° Tous les droits qui sont un démembrement de la propriété,

2° Ceux dont l'exercice doit avoir pour fin un immeuble.

Enfin, tous les autres droits sont meubles.

Appendice.

Cette distinction étant établie, il reste à déterminer la signification de certaines expressions employées dans les actes entrevifs et de dernière volonté, même dans le code civil, et sur lesquelles on peut trouver encore à équivoquer.

Nous avons d'abord les choses fongibles, c'est-à-dire, celles dont on ne peut jouir sans les consommer. Par exemple : le vin, le blé, l'argent sont des choses fongibles. Le mot fongible vient du latin *fungor*, je remplace, parceque l'on peut remplacer du blé par d'autre blé de même valeur et de qualité

Un long usage a donné aux mots Meubles, Mobilier,

Meubles meublants, Effets mobiliers, une signification dont la portée doit être déterminée. La loi pouvait éviter la difficulté de tracer des règles à cet égard, cependant elle s'est expliquée sur le sens et la valeur de ces mots, dans le but d'éviter des contestations fâcheuses.

Voici le texte de la loi :

« 533. Le mot *meuble* employé seul dans les dis-
« positions de la loi ou de l'homme, sans autre addi-
« tion ni désignation, ne comprend pas l'argent
« comptant, les pierreries, les dettes actives, les li-
« vres, les médailles, les instruments des sciences,
« des arts et métiers, le linge de corps, les chevaux,
« équipages, armes, grains, vins, foins et autres
« denrées; il ne comprend pas aussi ce qui fait l'objet
« d'un commerce.

« 534. Les mots *meubles meublants* ne compren-
« nent que les meubles destinés à l'usage et à l'orne-
« ment des appartements, comme tapisseries, lits,
« sièges, glaces, pendules, tables, porcelaines et au-
« tres objets de cette nature.

« Les tableaux et les statues qui font partie du

« meuble d'un appartement y sont aussi compris,
« mais non les collections de tableaux qui peuvent
« être dans les galeries ou pièces particulières.

« Il en est de même des porcelaines : celles seule-
« ment qui font partie de la décoration d'un apparte-
« ment, sont comprises sous la dénomination de *meu-*
« *bles meublants*.

« 535. L'expression *biens meubles*, celle de *mobi-*
« *lier* ou *d'effets mobiliers*, comprennent générale-
« ment tout ce qui est censé meuble d'après les règles
« ci-dessus établies.

« La vente ou le don d'une maison meublée ne
« comprend que les meubles meublants.

« 536. La vente ou le don d'une maison avec tout
« ce qui s'y trouve, ne comprend pas l'argent comp-
« tant, ni les dettes actives et autres droits dont les
« titres peuvent être dans la maison ; tous les autres
« effets mobiliers y sont compris. »

Ces articles avaient été préparés par les décisions de nos anciens auteurs. Les textes du droit Romain en contenaient le germe. Les sentences de Paul avaient établi le sens du mot meuble comme notre code civil, on y lit en effet au titre *de legatis* § 60 « *mobilibus* « *legatis, aurum vel argentum non debetur;* » puis il y a cette restriction admise par nos cours de justice, « *nisi de his quoque, manifeste sensisse testato-* « *rem ostendi posse.* »

Si le testateur a voulu dans le mot meuble employé SEUL dans son acte de dernière volonté, dire plus que l'article 533, on suivra son intention si elle est établie clairement devant les tribunaux. J'ai souligné le mot SEUL, parceque l'article ne s'applique qu'à ce cas, et non à celui où le mot meuble se trouverait employé avec d'autres. Ainsi si un individu disposait de ses meubles et de ses immeubles, cela s'entendrait de toute sa fortune sitôt après la promulgation du code, cette décision fut contestée ; car le 27 mai 1806 la cour royale de Ronen fut appelée à statuer sur un testament contenant disposition de tous les meubles et des immeubles d'un individu, qui après cette énonciation avait même ajouté : sans aucune réserve. La cour jugea que l'intention du testateur avait été de donner tous ses biens. Cet arrêt a reçu l'approbation de tous les jurisconsultes, et la cour de Paris l'a adopté le 7 janvier 1807. On peut même décider que la disposition de tous les meubles d'un individu doit être entendu dans le même sens, comme l'a fait la cour de Bruxelles le 9 mars 1813. La cour de Lyon a jugé le 2 avril 1840, que les mots, *tout mon mobilier* comprenaient tout ce qui était meuble dans le sens de l'art. 535 du code civil.

Par un testament du 20 décembre 1832 le sieur Gay avait légué à sa femme 1° « tous ses meubles et « effets mobiliers, or, argent monnayé, non mon- « nayé, provisions et denrées qu'il laisserait à son « décès ; 2° la jouissance pendant sa vie de tous ses « autres biens, pour en jouir à compter de son décès « sans être tenue de donner caution ; » en même temps il avait institué le sieur Jouve son neveu son légataire universel. La succession contenait plusieurs rentes, il a fallu savoir à qui elles appartiendraient de la femme Gay ou du sieur Jouve. La cour d'Aix a vu, dans l'énumération faite par le sieur Gay, l'intention de celui-ci de ne pas donner ses rentes en propriété à son épouse. La cour de Cassation a rejeté le pourvoi formé contre cet arrêt, parceque la cour d'Aix avait été appelée à juger la portée d'un acte et non un point de doctrine. Cette décision toute en fait, ne doit pas être comptée comme un précédent favorable aux cas analogues. C'est un jugement bon pour celui qui l'a obtenu. L'arrêt de rejet est du 24 juin 1840.

Le 25 avril 1811 la cour de Nimes a restreint aux meubles spécialement désignés par le testateur l'effet d'un testament ainsi conçu : « Je déclare à Elisabeth « Martel ma domestique, que tous les meubles et ef- « fets, linges, argenterie, calice et effets d'église qui « sont à ma disposition, si elle est encore à mon ser- « vice lors de mon décès lui appartiendront.... » Ainsi on n'a pas rangé dans les choses léguées l'argent comptant, les pierreries, les dettes actives, les livres, médailles, instruments de science, linge de corps, biens et grains délaissés par le testateur.

Nous trouvons beaucoup d'arrêts sur les articles 533-34-35 et 36 mais ils ont presque tous eu à statuer sur des questions d'intention.

Cependant il en est où la loi semble complettement oubliée; ainsi la cour de Bruxelle a décidé le 15 juin 1815 que dans cette disposition : — « je prie madame « Catherine Midavaine épouse de M. Gaspard Pifry

« de faire choix de ce qui peut lui faire plaisir dans « mon mobilier, pour mémoire de moi, » — On ne devait pas donner à cette expression *mon mobilier*, le sens que lui attribue l'article 535. Elle ne devait s'appliquer disait cette Cour qu'aux objets de la succession matériels et susceptibles d'être conservés en nature,

De même, le 8 mai 1816, les mêmes juges décidaient que cette façon de parler : — « Je donne et « lègue à Pélagie Herbeaux, mon épouse, l'usufruit « et jouissance viagère de tous les meubles et pour « tels réputés qui m'appartiendront et que je délais- « serai au jour de mon décès, » — comprenait tous les biens meubles du testateur. C'est à tort que les arrêtistes opposent le premier arrêt au second et les déclarent contradictoires, on a dans ces deux espèces cherché l'intention des disposants, et je crois qu'on l'a trouvée.

Par application de l'article 536, la cour royale d'Agen a jugé le 30 décembre 1823 que les créances et l'argent monnayé n'étaient pas compris dans le legs de tous les meubles, effets et denrées placés dans la maison du testateur au moment de son décès.

Il est impossible de prévoir toutes les formes qui peuvent se présenter. Il est même des expressions inconnues de la loi, dont on peut se servir. La cour de Riom a été appelée à statuer sur l'étendue du legs d'un porte-feuille: Elle a jugé que par ce mot le donateur avait entendu donner ses créances commerciales.

En semblable matière, les principes sont difficiles à saisir, car il est impossible de prévoir toutes les formes que l'homme peut donner à ses volontés : il me semble bon de rapporter des exemples.

Un notaire avait dit : « Quant au mobilier qui se « trouvera dans la maison de la Trinité, meubles de « toute espèce, linge, denrées, glaces et tableaux, « argenterie, bibliothèque, et généralement tout ce « qui se trouvera dans la maison, le testateur le lègue « au sieur Charles Darnandat, les titres de famille « et de créance seulement exceptés pour l'héritier; » on fit entrer l'argent comptant dans les choses données. (Pau 27 juillet 1822.)

Un premier testament avait été fait, le testateur dans un second s'exprima ainsi : « Sans entendre ré-

« voquer mon premier testament, je veux que sur « l'argent comptant et les dettes actives qui se trou- « veront dans ma succession à l'époque de mon dé- « cès, à l'exception toutefois d'un contrat de rente « que j'ai légué à Julien Hutteau mon neveu, qu'il « prélèvera, l'on paie toutes les dettes que je devrai « à mon décès et les frais de ma sépulture. » Le premier testament contenait le legs de tout le mobilier du donateur, sur un procès relatif à l'interprétation de ce legs il fut dit que les titres de créance s'y trouvaient compris. (Poitiers 21 juin 1825.)

Un homme mourut laissant un acte par lequel il déclarait que rien de ce qui était dans la maison qu'il habitait ne lui appartenait. Cet acte fut considéré comme étant un testament; on jugea qu'il contenait disposition des créances et de l'argent comptant. (Bordeaux 11 juin 1828),

De même les dettes actives furent adjugées au légataire porteur d'un testament où on lisait, après le legs d'une maison, des meubles et de l'argent comptant qui s'y trouvaient : « et généralement tout ce « qu'elle contient. » (Aix 19 août 1829, Cassation 28 février 1832, Bordeaux 28 février 1831, Cassation 1er mai 1832).

Enfin voici une dernière espèce. La dame de Landrevie avait, par son testament olographe, légué aux demoiselles Dubois ses hardes, son linge et une portion de ses meubles, et elle avait institué en même temps légataires universels ses deux neveux, les sieurs Garnier de Laboissière..

Plus tard elle fit un second testament ainsi conçu : « J'ajoute à mon testament : je lègue tout mon mo- « bilier à mesdemoiselles Dubois. » Les légataires universels ont prétendu que la disposition faite au profit des demoiselles Dubois ne devait pas être étendue à l'argent comptant et aux dettes actives. La cour de Bordeaux leur a donné raison parceque sans cette interprétation le legs fait à ces messieurs eut été sans objet. La cour de Cassation a rejeté le pourvoi formé contre cet arrêt, par décision du 3 mars 1836.

Javolenus avait dit il y a bien longtemps : *omnis definitio periculosa ;* peut-être nos législateurs auraient-ils bien fait de ne pas donner de définitions, puisqu'elles ont eu si peu d'influence sur les décisions des tribunaux. Ceux qui désiraient un titre sur la signification des mots employés dans la loi, en se reportant aux articles 533, 534, 535 et 536, à leur interprétation telle que les cours de justice l'ont faite, reviendront facilement sur leur première opinion. Pour moi je regrette avec les rédacteurs de la Thémis que la loi ait cru devoir si souvent entrer dans des détails que les jurisconsultes seuls devaient mettre dans leurs commentaires. C'est ainsi qu'au titre des obligations, il se rencontre une foule de déductions des principes généraux, que l'on eut pu laisser de côté après avoir posé les principes.

Ayant montré la dissidence qui existe entre les arrêts et les articles de loi dont il s'agit je dois faire observer que la loi elle-même s'est écartée de ses définitions.

Dans l'article 600 du code civil il est dit que l'usufruitier en entrant en jouissance doit faire dresser un inventaire des meubles, cela s'entend de *tous les biens meubles*. M. Duranton cite encore les articles 805, 825, 2101, 2102, 2119 et 2279, comme contenant des expressions en désaccord avec la signification donnée dans notre titre aux mots meubles, meubles meublants, mobilier, effets mobiliers etc.

Enfin, la loi a fait trois classes de meubles. Il y a

les choses destinées au service des individus qui disposent, comme le linge de corps, les armes, etc.

Il y a les meubles destinés au service de toute une famille, comme les meubles meublants etc.

Enfin l'or, l'argent comptant et les dettes actives restent en dehors de ces deux premières divisions.

En général il faut savoir, si l'une de ces classes de biens meubles est ou non comprise dans la disposition que l'on donne à interpréter.

Les dispositions peuvent être faites de telle sorte que tout se trouve mêlé, IL N'Y A PAS DE RÈGLE A DONNER EN CETTE MATIÈRE.

CHAPITRE SECOND.

Des biens

DANS LEUR RAPPORT AVEC CEUX QUI LES POSSÈDENT.

Ici je dois réfuter la doctrine de M. Proudhon de Besançon sur la propriété. On pourra peut-être me reprocher d'être acerbe ; mais seul à seul avec lui je dois prendre les armes dont il se sert, car je tiendrais à ne pas tomber.

Dans son livre intitulé qu'est-ce que la propriété ce publiciste examine la propriété sous les points de vue suivants :

Considérée comme droit naturel,
Comme basée sur l'occupation,
Sur le droit civil,
Comme fille du travail,

Enfin comme étant appuyée sur le consentement de tous les hommes.

Les lecteurs de cet écrit ont tremblé sous les coups pressés de l'auteur; puis on s'est regardé et l'on a été honteux de l'impression que l'on avait ressentie: Partout on a répondu, et la cour royale de Paris elle-même a prêté l'oreille à une réfutation de la doctrine des communistes. Maintenant le livre et l'auteur paraissent oubliés; c'est le résultat où l'on arrive en prêchant de fausses théories.

M. Proudhon a beaucoup lu, est fort érudit. A ces qualités il joint celle d'être un logicien inflexible. La forme de ses attaques, ses allures vives et serrées ont donné à sa doctrine un air de nouveauté, que je ne puis lui laisser.

Platon avait prêché la communauté des femmes et des biens. Après celui-ci nous trouvons la secte des Esséniens, puis la première société chrétienne. Certains fondateurs de couvents religieux viennent ensuite.

Si l'on veut nous renfermer dans l'histoire de France, nous trouverons les Pastoureaux et les Jacques, qui s'étaient soulevés au nom de l'égalité; certains orateurs de la ligne se sont montrés partisans de cette doctrine renouvelée en 1793 et plus tard encore par Grachus Babœuf. Si l'on essayait de trouver tous les précurseurs de l'école communiste on n'en finirait pas. Il suffit en général de nommer Pierre Lombard le maître des sentences, les Anabaptistes de Munster, Thomas Morus et Savonarole ce moine anthousiaste, qui sous la protection de la France tenta de gouverner Florence au nom de Jésus Christ seul maître des biens et des personnes.

Les rapprochements sont utiles néanmoins; ils prouvent aux sectateurs des nouveaux égalitaires, que ceux-ci sont loin d'être des inventeurs; ils prouvent à leurs adversaires que l'on ne doit pas tant s'effrayer des écrits des communistes et ne pas tant crier contre notre siècle, écho des siècles précédents, dont il doit transmettre les travaux aux temps à venir.

Si de grands changements doivent sortir des théories des communistes, il est fâcheux que dans ces changements on en trouve de si mauvais que l'on ne puisse se décider à les souffrir.

Est-ce à dire que tout soit bien ? Nul ne le soutient aujourd'hui. Le rapport de M. Villermé sur le sort des ouvriers de Lille et de Lyon a montré une partie du mal. Celui de M. Benoiston de Châteauneuf sur l'industrie de la Bretagne est venu corroborer les observations de son laborieux collègue. Et les investigations courageuses de notre académie des sciences morales et politiques ont attiré l'attention de tous les économistes. Le mal est vu, la plaie vient d'être sondée, le remède ne peut être long à venir, trop de personnes sont à sa recherche pour qu'il tarde longtemps.

Je ne répéterai pas les sarcasmes attirés aux égalitaires par le peu de succès des essais de Robert Owen; mais malgré toutes leurs dénégations, avec eux il n'y a plus d'art, plus de science, plus de génie, plus de famille ni de patrie. Voilà pourquoi leur remède est plus dangereux que le mal.

La société constituée dans la vue d'un but doit chercher à le réaliser, autrement elle périt. M. Buchez a écrit. « Il est d'expérience que toute nation n'a vécu « qu'autant quelle a agi en vue d'un résultat à at« teindre, et que toute nation est morte du jour où « son œuvre a été négligée ou terminée »

Il faut donc établir le but de l'activité de notre nation, le comparer avec la doctrine des égalitaires et si cette doctrine est contraire à notre morale, nous la répudierons, nous déclarerons que ses adeptes veulent se séparer de nous.

La société française me parait constituée dans le but de réaliser l'application de cette formule : *Liberté*, *Égalité*, *Fraternité*. Tout système ou l'un de ces termes se trouvera méconnu, froissera le sentiment national et soulèvera des plaintes légitimes.

Ces trois points sont entrés dans notre esprit avec la religion catholique.

La liberté est cette faculté que nous avons de choisir entre le bien et le mal, d'agir à notre guise quand le choix est fait. C'est elle qui nous porte à veiller à dormir, à nous reposer à travailler suivant nos besoins ou nos goûts.

L'égalité, l'ordre autrement dit, nous fait respecter la liberté de nos concitoyens. Cette seconde partie de notre formule, donne la limite à notre liberté. Elle borne nos droits et nous indique par là-même nos devoirs vis à vis de nos compatriotes

La fraternité, (*le devoir*,) se fait mieux sentir qu'elle

ne s'explique. C'est elle qui nous cause des impressions si vives quand une douleur nous apparaît. C'est encore elle qui engendre la générosité, le dévouement, en un mot qui nous soumet sans nous faire murmurer aux lois de notre cité, à celles de notre nature. C'est elle qui nous ploie à la marche de la société à celle de l'humanité, c'est avec elle que nous entrons dans les voies de Dieu.

La théorie du nécessaire de la philosophie éclectique, la trinité de M. Lamenais répondent à cette formule.

Le vrai est	la liberté,	la puissance
Le beau	l'égalité,	l'intelligence
Le bon	la fraternité,	l'amour.

Notre sentiment à tous, rendu par l'une ou l'autre de ces trois formules, se trouve d'accord avec la morale de notre religion ; donc je ne me suis pas trompé, donc nous rêvons comme le sublime de notre constitution sociale l'accord de ces trois termes. Et si on dédaigne d'en accepter un seul on sera en dehors de notre communion. Voyons d'abord si la loi de la communauté est d'accord avec nous.

On établit que le travail est à tous, que le droit

à la nourriture est indépendant du plus ou du moins de travail. L'ordre n'est pas mieux ménagé dans ce système que dans le nôtre. Où s'y trouve l'égalité ? Je la cherche et je ne la rencontre pas. Tout-à l'heure nous avions des citoyens vivant du travail des manœuvres, nous en avons encore. Nous n'avons plus les mêmes et voilà tout.

Il n'est pas possible de remédier à cela par un travail forcé. L'attraction passionnelle de Fourrier n'est pas une garantie capable de nous offrir un dédommagement certain. Que l'un de nous veuille écrire un poëme, un ouvrage de morale : La cloche sonne pour appeler les laboureurs ; il faut laisser là ses idées, son inspiration, son génie pour aller à la suite de deux bœufs, plus ou moins dociles, tenir le soc d'une charrue. Où donc est la liberté ?

Enfin si tout le monde doit vivre bien nourri, bien couvert, libre ou non de concourir au bonheur de la société, il me semble que l'obligation de nourrir les fainéans, détruira la loi du devoir, nous enlèvera la fraternité. Il n'y aura plus, du moins, de moyen coercitif contre celui qui marchera en sens contraire de la nation égalitaire, le devoir n'aura plus de sanction.

Le dévouement naît presque toujours de l'imprévu. Sans la liberté il ne peut être; comme il ne peut être complet sans l'égalité. On pose comme axiome, que les produits s'achèteront par des produits : de là, le travail doit être balancé par des produits. Souvent le dévouement n'obtient aucuns résultats, il arrive qu'il échoue malgré ses efforts. Que donnerez-vous à cet homme qui s'est précipité dans les flammes pour en arracher une mère de famille dont il n'a pu sauver la vie ? ses mains sont brulées, ses pieds ne le porteront plus. Tronc informe et désormais inutile, rebut de la société qu'il ne peut servir, ce malheureux ne peut offrir aucun produit matériel comme compensation des charges qu'il impose. Rien ne viendra de lui pour vous, le laisserez-vous mourir de faim? Non dités-vous il a droit à sa quote part de nourriture, nous la lui donnerons. Pour moi je le couvrirai de mes derniers vêtements j'arroserai sa tête de parfums, je l'admirerai. Je vous plains de n'en pas savoir faire autant.

Dites après cela : « L'égalité plaît à mon cœur, la « bienfaisance dégénère en Tyrannie, l'admiration « en servilisme. » Je ne suis pas avec vous. Je ne saurais abdiquer le droit de faire du bien, celui de jouir des belles actions d'autrui.

Mes attaques sembleront légères, je crois pourtant qu'elles vont au fond des choses. Le droit de propriété admis par tous les peuples est un des moyens de conserver la société : avant de le bannir nous devons avoir bien pesé les raisons données par ses adversaires. Tant qu'elles ne sont pas approuvées par le consentement universel on doit les repousser.

Les partisans de l'égalité frappent sur la propriété parcequ'elle leur paraît mal étayée. Les fondements sont, disent-ils, mal assurés, l'édifice doit être peu solide. Il y a là une erreur qui vient de leur orgueil; car l'expérience a dû leur apprendre qu'il ne suffit pas de voir la base d'un édifice pour déclarer que cet édifice n'est pas stable.

Leur critique a nié que la propriété fut basée sur le droit naturel ;

Elle a réduit à néant le dogme de l'occupation.

Ils ont fortement ébranlé les convictions quand ils l'ont combattue comme fille du droit civil, du travail ou du consentement de tous les hommes.

La faiblesse de la défense à fait la force des attaques;

puis les esprits se rangent malgré eux du côté de l'énergie. Cependant voilà comment on a cherché à défendre le droit dérivant de l'occupation.

« L'un des plus nobles attributs de la nature de « l'homme c'est la liberté. La volonté d'un être libre « est légitime comme l'action qui en résulte, quand « elle ne viole aucune loi morale, quand elle n'u- « surpe pas les droits d'autrui. Placé en face de la « nature extérieure, inerte et passive, l'homme s'en « empare et se l'approprie sans que sa conscience, « ni sa raison lui révèlent aucun obstacle à cet « emploi de sa puisance. Mais s'il reconnait que des « êtres semblables à lui, doués des mêmes attributs, « et ayant nécessairement les mêmes droits, ont agi « sur certaines choses ; comme il se sait à lui-même « la faculté d'agir, il comprend qu'il doit respecter « l'antériorité de cette prise de possession, et que ces « choses sont désormais placées hors de sa puissance « légitime. Ainsi le droit de propriété s'établit aux « yeux de l'homme tout à la fois sur sa liberté et sur « sa reconnaissance spontanée de la liberté d'autrui. » (M. Boucly disc. de rentrée, prononcé à la cour royale de Paris, en novembre 1841.)

Cela justifie, non pas le droit de propriété, mais le droit de possession. M. Proudhon avait par avance répondu au système de M. l'avocat général: « Nul n'a « droit, dit-il, qu'à ce qui lui suffit . . . Or qu'avons-« nous le droit de posséder? ce qui suffit à notre tra-« vail et à notre consommation . . . N'est-il pas vrai « que si la liberté de l'homme est sainte, elle est sainte « au même titre dans tous les individus; que si elle « a besoin d'une propriété pour agir au dehors, c'est « à dire pour vivre, cette appropriation d'une ma-« tière est d'une égale nécessité pour tous... Et de tout « cela ne doit-on pas conclure, que toutes les fois « qu'il nait une personne douée de liberté, il faut que « les autres se serrent par réciprocité d'obligation; « que si le nouveau venu est désigné subsèquemment « pour héritier, le droit de succession ne constitue « pas pour lui un droit de cumul; mais seulement un « droit d'option. »

Il me semble entendre un écho répétant quelques unes des idées du contrat social, ou du discours sur l'inégalité des conditions. Pourtant voici quelque chose qui reste en dehors des enseignements de Jean Jacques:

« L'homme est un animal parlant et social...
« L'homme est donc un animal vivant en société,
« qui dit société dit ensemble de rapports, en un
« mot, système. Or tout système ne subsiste qu'à
« certaines conditions : quelles sont donc les condi-
« tions, quelles sont donc les lois de la société?....

« Le droit est l'ensemble des principes qui régissent
« la société; la justice, dans l'homme, est le respect
« et l'observation de ces principes. PRATIQUER LA
« JUSTICE C'EST OBÉIR A L'INSTINCT SOCIAL. » (Premier mémoire sur la propriété.)

De là je tire ces conséquences : 1° La condition de l'homme sur la terre est de vivre en société.

2° La justice est l'obéissance à cette loi donnée par le créateur, ou par la nature, si on nie le créateur. Je ne veux pas d'autre base de mes raisonnements.

Un de nos révolutionnaires qui poussait le raisonnement à ses dernières conséquences, Saint Just, ce jeune philosophe dont l'autorité peut être consestée par d'autres, mais non par M. Cabet, avait dit avant M. Proudhon : « La société n'est point l'ouvrage de l'homme. » Partant de là il voulait, comme l'auteur du traité des droids d'usufruit, que tout le monde fut propriétaire. C'est aussi pourquoi, il vota le décret d'accusation, qui porta Hébert et Chaumette au tribunal révolutionnaire. Les temps sont bien changés, depuis l'époque où les fausses doctrines étaient ainsi jugées; c'est un des effets les plus heureux de nos deux immortelles crises politiques de 1789 et de 1830.

Les mêmes bases ne conduisent pas toujours aux mêmes conséquences. On peut d'un centre donné où l'on s'est trouvé d'accord, aboutir à des points différents de la circonférence. Après un peu de temps, deux hommes qui d'abord étaient ensemble, peuvent se trouver, l'un à l'extrémité septentrionale du diamètre, quand l'autre arrive au pôle austral.

J'ai parlé de M. Cabet, et je n'ai pas répondu à son joli roman intitulé voyage en Icarie. M. Cabet l'avoue, son but a été de pénétrer dans les intelligences les plus généreuses. Il s'adresse aux femmes et aux jeunes-gens. Si j'étais matérialiste, je répondrais à M. Cabet par une citation de Broussais, qui niait aux jeunes-gens audessous de 25 ans et aux femmes, la faculté de raisonner. Comme je n'aime pas à citer les hommes de cette école, je dirai que pour triompher il vaut mieux s'adresser aux hommes dont l'éducation est complète qu'aux intelligences dont le sentiment est le principal mobile.

— J'ai vu dans le roman de M. Cabet une organisation brillante marchant seule, n'essuyant aucun frottement. Le mal serait banni du monde, de par la communauté.

Les enfants n'ont pas de caprices, les femmes n'ont pas de défauts, les hommes pas de vices dans le système de M. Cabet.

Le mal est inhérent à l'homme, ne pas l'admettre ou plutôt le chasser du monde c'est nier la liberté humaine. Si la liberté existe le mal existe aussi: sans remonter pour le démontrer aux commentaires de Simplicius sur le manuel d'épictète, voici comment je raisonnerai: L'homme est libre ou fatalement lié à un ordre de choses qui le domine. Si l'homme est fatalement conduit on ne peut lui faire un crime de ses mauvaises actions, donc l'homme est libre; car si il n'était pas libre de quel droit blameriez-vous les actions que vous nommez mauvaises?

Or dans toute société un but est montré: les actes successifs pour arriver à ce but sont en progression, comme 2, 3, 5, 7 etc.

La société enseigne le but, montre la progression qu'elle à suivie, et invite ses membres à trouver le terme qui doit suivre. Si l'homme est libre il peut refuser de marcher avec les autres et rétrograder. Là se tronve le mal.

Nul système n'a été à l'abri de ces tentatives en sens inverse du but social; or si le mal existe voici les conséquences.

Tout est réglé par les lois d'Icarie : la vie publique et la vie privée appartiennent à tous. Comment ne pas voir que des sentiments légitimes seront froissés, par cette obsession perpétuelle, comment ne pas comprendre le dégoût inspiré par un ordre de choses où rien n'est laissé à la volonté libre des individus. Dés lors il y aura une minorité. Cette minorité invoquera le mot de liberté, ce mot est sacré et sa puissance est toujours immense. Bientôt Icarie serait détruite, la communauté remplacée par le partage des terres, d'où renaîtrait l'inégalité à laquelle on doit se tenir, si l'on veut respecter l'ordre, car le système de M. Proudhon, et surtout celui de M. Cabet ont pour but la réalisation de l'ordre.

Jouffroy dans son cours de droit naturel a exalté le

principe de l'ordre, l'un des trois que proclame la nationalité Française :

« Dès que l'idée de l'ordre, disait ce philosophe, a « été conçue par notre raison, il y a entre notre « raison et cette idée une sympathie si profonde, si « vraie, si immédiate, qu'elle se prosterne devant « cette idée, qu'elle la reconnaît sacrée et obligatoire « pour elle, qu'elle l'adore comme sa légitime souve- « raine, qu'elle l'honore et s'y soumet comme à sa « loi naturelle et éternelle. Violer l'ordre c'est une « indignité aux yeux de la raison ; réaliser l'ordre « autant qu'il est donné à notre faiblesse, cela est « bien, cela est beau. »

Certes l'ordre mérite notre respect. Beaucoup de philosophes avant Jouffroy l'ont établi. Malebranche croyait que l'ordre idéal se personifiait par Jésus-Christ lui-même.... Cependant faut-il laisser le vrai, le bon, pour ne voir que le beau !

D'ailleurs si l'ordre est seul ne doit-on pas l'appliquer aux choses de ce monde, et prenons-y garde, si l'on eut toujours été mu par cette idée, nous en serions encore aux *res mancipi* et aux *res nec mancipi*. Enfin si en 1789 l'ordre eut été sacré nous eussions gardé les fiefs et les vassaux en un mot le servage.

Aujourd'hui sauf les majorats (dont je ne puis m'occuper ici parcequ'il en doit être mention au ch. VI titre second du livre 3 du C. C.), les biens n'ajoutent rien et n'ôtent rien à la qualité des personnes. De même les biens des nobles ou des roturiers ne reçoivent en général aucun privilège de la qualité de leurs détenteurs. Cela nous a été donné par le décret de la fameuse nuit du 4 août 1789.

Le retentissement de cet acte législatif fit tressaillir les nations. Toutes se penchant vers nous semblaient attendre le moment de se précipiter à notre suite. Nul point d'histoire ne peut être comparé à la séance de l'assemblée nationale; pendant cette nuit à jamais gravée des dans la mémoire hommes. Le dévouement était alors le seul mobile des actions. Les mémoires du temps, leprocès-verbal de l'assemblée passeront à la postérité qui doutera de l'abnégation des régénérateurs de notre France.

Si dans le moment où les privilégiés se précipitaient à la tribune pour y faire l'abandon de leurs droits, on leur eut dit qu'ils violaient l'ordre eussent-ils pu le nier? Et s'ils avaient eu en vue la réalisation de ce principe, eussent-ils eu autant de générosité? Certes ils se fussent défendus en invoquant la peur, la nécessité de contenir les mauvaises passions, et de réprimez l'anarchie. En vain leur eut-on crié, notre ordre sera plus beau que le vôtre, ils ne l'auraient pas avoué. Ils se seraient retranchés derrière le lien de la solidarité sur lequel la féodalité était assise et ce lien est assez beau pour que nous puissions douter, si on l'eut fait briller aux yeux de l'assemblée, du triomphe de la révolution.

Ainsi l'ordre seul ne peut conduire qu'à l'immobilité, cette conséquence force ce terme à recevoir des égaux, les méconnaître comme M. Proudhon et M. Cabet c'est rester en dehors de la vérité,

Comme nier le mal, ainsi que le font les phalanstériens, c'est méconnaître la nature de l'homme.

L'homme est une activité unie à un organisme vivant; tout homme est, a-t-on dit, fait à l'image de Dieu et on décompose nos facultés intellectuelles en trois termes qui sont d'après les philosophes

Esprit	Sensation	Intelligence
Amour	Sentiment	Volonté
Connaissance	Connaissance	Mémoire.

Partout nous retrouvons cette croyance à trois termes. Ce que tous croient doit être vrai.

L'humanité doit être constituée sur l'image des hommes, puisque sans les hommes il n'y a pas de société. Donc nous devons croire à trois termes.

L'humanité par suite d'un fait inexplicable si l'on rejette la tradition biblique, s'est trouvée divisée en une innombrable multitude de sociétés. Nous savons les Tribus, les Gentes, les Clans. Ces hordes se montraient en toutes circonstances ennemies les unes des autres, toutes voulaient dépasser leurs rivales et leur être supérieures en toutes choses.

Chacune de ces sociétés a eu en vue l'atteinte du bonheur. Pour y arriver elles ont cherché le bien, la justice. Leurs institutions ont été établies dans la vue d'arriver à la réalisation de leur idéal.

Il y aurait témérité de ma part d'aller chercher, dans toutes les histoires particulières, la vérification de ce principe ; ce serait un hors d'œuvre sans à propos. Membre d'une société je défends une de ses institutions fondamentales.

Notre France en se lançant dans la carrière avait choisi son but, je ne reviendrai pas sur ce que j'ai déjà dit. Notre voie se débarrasse chaque jour des obstacles qui arrêtaient notre ardeur légitime.

La liberté fut trop méconnue, nous avons pris à Luther la part dont nous avions besoin, nous lui avons laissé les excès. En 1789 l'égalité a reçu l'approbation des lois et quand dans les excès des Montagnards et des Thermidoriens la fraternité fut anéantie par des philantropes qui ne connaissaient aucun frein, elle voulut reprendre sa place et rentrer avec la religion chrétienne pour demeurer avec ses sœurs dont elle est le contre poids nécessaire.

Qu'est-ce donc que la propriété? C'est le droit de jouir et de disposer des choses de la manière la plus absolue. Ce droit appliqué aux aliments aux choses qui se consomment par l'usage est évident ; autrement aux heures où la faim viendrait à nous faire entendre son impérieuse voix, nous aurions le droit de nous tourner vers notre voisin et de lui arracher de force les choses dont il prétend se nourrir. Cette anarchie serait en désaccord avec la liberté, (que l'on reconnaisse ou nie le devoir,) l'égalité, qui pour moi équivaut à l'ordre, la repousse.

Cependant, la propriété appliquée au sol ne peut tenir, dit-on, parcequ'en se déplaçant on abandonne le lieu, que l'on avait occupé. La réponse la plus forte à cette objection est celle-ci : La société a reconnu le droit de propriété, avec cette institution elle s'est développée, a progressé vers son but, duquel, quoiqu'on en dise, elle s'approche encore de jour en jour. — Si cette réponse est satisfaisante pour moi, elle ne l'est peut-être pas pour tous. Je prendrai donc une autre voie.

L'activité d'un homme s'exerce à fertiliser un coin de terre, il en recueille les premiers fruits. Ce champ arrosé de ses sueurs est plus facile à labourer depuis qu'il a été débarrassé des épines et des chardons qui l'avaient couvert. Le moment de l'ensemencer de nouveau est arrivé : pourquoi enlèverez-vous au premier occupant le droit de continuer ses travaux ? son industrie a préparé la terre ; mieux que tout autre il sait quelle récolte doit venir après celle dont il l'a dépouillée. La société vit de produits (M. Proudhon le reconnaît,) dans le dessein d'en avoir une plus grande masse elle fondera la propriété foncière. Cette raison a été donnée par Locke et on ne la pas détruite.

Les fils et les filles du promier laboureur, l'on aidé dans ses travaux, ils ont participé aux soins qu'il a donnés à sa terre, à la surveillance dont il a entouré sa récolte; comme leur père ils auront droit au champ; non seulement pour la moisson présente, mais encore pour celles qui viendront ensuite. Ainsi le droit de succession se justifie comme le droit de propriété. C'est ainsi qu'héritier et maître dans l'ancien droit Romain se rendaient par le même mot.

Le droit de vente, celui de donation ont la même justification. Mon travail sur un terrain l'a amélioré, si vous m'accordez la propriété de ce terrain, j'ai un capital productif. Pourquoi ne pourrai-je pas échanger ce capital, contre un capital mobilier composé de choses fongibles? D'ailleurs celui qui veut l'acheter doit connaître mon champ. Voyez comme Caton l'ancien lui recommande de le parcourir, de le voir, de l'examiner dans ses moindres détails. L'acheteur est souvent le plus capable de tous, de suivre mon œuvre et de l'amener à bonne fin. L'agriculture comme les autres sciences exige une dépense de temps, une dépense d'intelligence ; ainsi le laboureur prépare l'avenir et cet espoir de l'avenir peut bien, ce me semble, être escompté.

Pascal parlant des successions disait : « Cet ordre « n'est fondé que sur la seule volonté des législa- « teurs, qui ont pu avoir de bonnes raisons pour l'é- « tablir, mais dont aucune certainement n'est prise « d'un droit naturel que vous ayez sur ces choses. « S'il leur avait plu d'ordonner que ces biens, après « avoir été possédés par les pères durant leur vie, « retourneraient à la république après leur mort, « vous n'auriez aucun sujet de vous plaindre.

« Ainsi, tout le titre, par lequel vous possédez « votre bien n'est pas un titre fondé sur la nature, « mais sur l'établissement humain. Un autre tour « d'imagination dans ceux qui on fait les lois vous « aurait rendu pauvre ; et ce n'est que cette rencon- « tre du hazard qui vous à fait naître avec la fantai- « sie des lois, qui s'est trouvée favorable à votre « égard qui vous met en possession de ces biens.

« Je ne veux pas dire qu'ils ne vous appartiennent

« pas légitimement et qu'il soit permis à un autre de « vous les ravir ; car Dieu qui en est le maître, a « permis aux sociétés de faire des lois pour les parta- « ger : et quand ces lois sont une fois établies : il est « injuste de les violer »

Je ne comprends pas pourquoi Pascal parlait d'un droit de nature.

Où trouver une source des lois plus belle que la volonté de la société ? Pour moi je n'en connais pas.

La société est d'institution divine, elle ne peut exister si l'on brise le droit de propriété, donc le droit de propriété dérive de la divinité. Ce syllogisme me séduit et en l'admettant je ne crois pas être le jouet d'un mirage trompeur.

Je dois revenir sur ce que j'ai dit, que le droit de de propriété était en accord parfait avec notre but.

Nous tendons, à la réalisation de cette formule *liberté, égalité, fraternité.*

Je suis, mon être vit, et pour vivre il a besoin d'agir, j'agis par mon intelligence et par mon corps. Si une de ces deux existences s'arrêtait, je ne serais plus un homme. Je deviendrais un cadavre si mon corps cessait d'être : Une brute si c'était mon âme qui vint à se perdre. A ces causes pour être, pour me conserver, il me faut de l'action. M. Cousin a ainsi montré ce me semble, l'accord de la liberté et de la propriété. En effet pour faire agir mon corps, il me faut de la matière, qu'elle tienne ou qu'elle ne tienne pas au sol, qu'importe ? Je la dompte, je la soumets à mes désirs. La forme que je lui ai donnée est ma création, par cette œuvre de mon intelligence je l'ai fait participer à ma vie. Mon existence s'est répandue sur elle, ma volonté s'y est imprimée. Ma liberté sera-t-elle à ce point bornée, que je ne pourrai donner à nos pensées tout leur développement, cela ne peut être. Le lendemain où mon travail aura commencé je serai maître de le continuer, sans cela je ne serai pas libre.

De même, l'égalité subsiste avec notre droit de propriété. La loi s'est réservée de contrôler nos actes et de corriger l'abus que nous pourrions faire de nos biens. De plus, si j'ai le droit de faire respecter ma chose, j'ai le devoir de respecter celles des autres. Enfin tous unis dans le même système si nous possédons plus, si nous possédons moins, nous sommes arrêtés par des bornes, limites de notre action, formes de notre liberté, qui sans l'égalité s'éxercerait sans ordre.

J'ai parlé de M. Cousin, M. Lherminier, en sa philosophie du droit, établit aussi que la propriété est en rapport avec la liberté. voici une phrase du traité de droit Romain de M. Savigny qui résume parfaitement ce me semble, ce que j'ai dit et de la liberté et de l'égalité.

« Tout homme se sent appelé à dominer la nature
« non libre, mais en même temps il reconnait aux
« autres hommes une destinée semblable, de la résul-
« te, lorsque deux individus se trouvent en présence,
« la nécessité d'un accomodement qui ne peut
« s'effectuer qu'en assignant à chacun ses limi-
« tes. »

La loi du devoir, la fraternité, c'est-à-dire l'obligation qui nous est imposée de marcher ensemble, nous force à reconnaître les règles tracées par l'autorité qui nous régit. Donc la propriété doit être maintenue, car elle est bonne.

Mais il y a du mal, et il faut y remédier. Je n'ai pas le temps ici de m'occuper du moyen de guérir vos plaies. Je les vois, je les sens, j'y participe aussi non seulement parceque rien de ce qui peut émouvoir l'humanité ne peut passer devant moi sans remuer les fibres de mon cœur, mais par d'autres raisons encore. Que Dieu nous exauce! une déduction logique de ses enseignements, nous conduira à trouver le résultat demandé, s'il est possible de l'atteindre.

M. Portalis l'a dit dans la séance publique annuelle de l'académie des sciences morales et politiques : « La nature humaine et l'ordre social ont leurs conditions : sans doute, la perfectilité qui est dans « l'homme est une tendance incontestable vers l'amélioration progressive des sociétés, mais elle n'est pas « le gage d'une perfection absolue. Le moment ne « viendra jamais où les abus, le mal et la misère seront définitivement abolis, pas plus que l'heure où « l'équilibre des forces physiques de l'homme ne « sera jamais troublé, et où il sera mis en possession d'une inaltérable santé par la parfaite harmonie de tous les principes qui sont en lui. Il y a « dans les désordres dont on se plaint, dans l'état de « souffrance qui en est la suite, quelque chose d'irrémédiable et d'inhérent à l'humanité. C'est ce

« qu'il faut éviter de confondre avec les circonstan-
« ces aggravantes de ces souffrances et de ces maux.
« Ces circonstances peuvent dépendre de l'oubli de
« certains principes, du mépris de certains devoirs,
« de certaines imperfections des institutions et des
« lois. Ce sont elles qu'il importe de déterminer:
« car ce sont elles, et elles seulement, qu'on peut
« espérer de faire disparaître. » (S. A. de 1843).

J'arrive maintenant à l'examen de la loi positive. J'eusse dû peut-être, moins me préoccuper des rêveries généreuses des adeptes de la communauté; je demande pardon d'avoir été si long.

L'article 537 du code civil est ainsi conçu :

« Les particuliers ont la libre disposition des biens
« qui leur appartiennent, sous les modifications éta-
« blies par les lois.

« Les biens qui n'appartiennent pas à des particu-
« liers, sont administrés et ne peuvent être aliénés
« que dans les formes et suivant les règles qui leur
« sont particulières. »

Raisonnant historiquement, je dirai que la propriété a été de tous les temps. Toujours l'homme a pu exercer librement sa volonté sur les choses soumises à son domaine ; mais l'état a toujours conservé le droit de prévenir et d'arrêter les abus d'une volonté coupable.

Nous avons sur ce point des textes positifs dans le droit Romain. Je donnerai pour exemple : le § 4 des institutes *de usufructu*, les lois qui prescrivaient des formes solennelles pour les transmissions de la propriété, celles qui étaient relatives aux légitimes des enfants, ou à l'affranchissement des esclaves, enfin au régime dotal. Il serait superflu de recueillir, çà et là, les restes des auteurs qui ont écrit sur ce sujet.

J'ai parlé des biens, et je les ai divisés en meubles et en immeubles. Cette division indiquée par la loi n'est pas complète, elle ne peut s'appliquer qu'à ce qui peut être matérialisé. Je n'ai pas parlé de certains droits appelés primordiaux par le savant doyen de la faculté de Paris : Je veux dire la liberté, l'honneur, et toutes les choses qui s'y rattachent, plus chères à nos âmes que l'or et la matière. Elles dérivent de notre existence et de notre faculté d'agir. Elles mènent au bonheur donc elles sont des biens. Ces biens ne sont pas plus que les autres abandonnés à notre volonté pleine et entière.

Nous avons le droit de faire respecter par nos semblables notre liberté et notre réputation ; il ne faut pas arriver à dire par un argument *à contrario* que nous pouvons par conséquent en disposer à notre gré. Je ne viendrai pas avec M. Toullier démontrer le vice de cet argument j'ai d'autres raisons de le détruire. En aucune circonstance nous ne pouvons faire abstraction du milieu dans lequel nous vivons, et plus il y a d'ouvriers à l'œuvre plus vite se fait l'ouvrage. Les membres d'une société sont tous appelés par elle à la faire avancer : Leur liberté est le premier moyen qu'ils peuvent prendre, car s'ils n'ont pas leur liberté, ils ne peuvent travailler efficacement à l'édifice social. Toute stipulation sur la personne morale, ou sur la personne matérielle d'un individu, doit donc être déclarée nulle, si l'obligé le demande. Il est des cas où le ministère public doit intervenir, c'est quand l'ordre est outrageusement blessé. Cela rentre dans le domaine du droit pénal.

Le code Napoléon rédigé avant le rétablissement de la noblesse ne voit que des propriétaires dans les particuliers. Il les met tous dans la même classe; puis il parle des biens de l'état, des biens des communes et des biens des établissements publics. Ce mê me code nous donne ce qui est relatif aux biens des particuliers. Les règles, éparses dans le bulletin des lois, sur les biens de l'état, sont expliquées dans les traités de droit administratif; ainsi de celles relatives aux biens des communes et aux biens des établissements publics.

Des biens des particuliers.

Les meubles et les immeubles contiennent tout ce que nous pouvons posséder en dehors de notre personne. Tous les biens extérieurs à notre être, trouvent place dans ce cadre. Ils peuvent aussi tenir tous dans la catégorie suivante: Ils sont corporels ou incorporels. J'ai expliqué cela plus haut.

Si la loi nous en donne la libre disposition c'est à deux condition : La première d'en surveiller l'emploi.

La seconde d'en exiger l'abandon moyennant indemnité préalable.

Certaines personnes ont obtenu le droit de conserver pour elles seules, certaines positions. Elles sont propriétaires du droit d'empêcher ceux qui n'ont pas rempli les conditions éxigées par la loi de s'asseoir à côté d'elles. Tels sont : les avocats, les médecins, les pharmaciens, les sages-femmes, les herboristes. Le nombre des titulaires n'est borné par aucune loi aussi ne m'occuperai-je pas des règles tracées en ces matières par les législateurs. La nomination à ces fonctions n'est pas l'objet d'un commerce.

Mais à côté de cette catégorie de fonctionnaires, il est d'autres positions qui constituent une véritable propriété pour ceux qui en sont pourvus. Ces charges sont transmissibles et si le successeur présenté par le titulaire, remplit les conditions de capacité et de moralité voulues, il y a en quelque sorte obligation pour le gouvernement d'accepter ce candidat. En un mot ces offices sont dans le commerce. L'assemblée constituante avait aboli la vénalité des charges. En 1816 après l'occupation du territoire national par les cohortes étrangères, et pendant que l'invasion durait encore on établit que : « les avocats à la cour de cas-
« sation, notaires, avoués, greffiers, huissiers, agents
« de change, courtiers, commissaires priseurs, pour-
« raient présenter à l'agrément du roi des successeurs
« réunissant les qualités exigées par les lois. » Cette faculté n'était pas accordée aux titulaires destitués.

Une loi devait régler l'exécution de cette disposition, et les moyens d'en faire jouir les héritiers ou ayant cause desdits officiers. Le gouvernement se réservait au surplus le droit de réduire le nombre de ces fonctionnaires et notamment le nombre des notaires. La loi promise a été vainement attendue. En 1841 lors de la discussion du budget, on a fixé les droits que l'enregistrement aurait à percevoir pour la transmission d'un office. La vénalité des charges se trouve donc rétablie.

En nous reportant aux institutions anciennes nous ne voyons pas d'état où les charges aient été données au plus offrant en vertu d'une loi. Les magistrats des anciennes républiques étaient élus par les citoyens, et sans remonter aussi haut nous trouvons le principe de l'élection dans le recueil des ordonnances de nos rois. Mais il est certain qu'en vertu du principe qui permet à un homme de se décharger sur un mandataire d'une partie de ses devoirs, les rois ont eu le droit de nommer des magistrats chargés de rendre la justice, et sans parler des *Missi dominici* de Charlemagne, des Baillis et des Sénéchaux des Capétiens, les historiens nous en donnent beaucoup d'exemples.

Sous le règne de Charles VI deux ordonnances portèrent que les magistrats seraient élus. La première est de 1388 la seconde de 1400. La dernière établissait en ses articles 18 et 20 :

« Que doresenavant quand les lieux de présidens « et des autres gens de nostre parlement vacqueront, « ceulx qui y seront mis, soïent prins et mis par « l'éleccion. . . . . . .

« Que quand les sièges des séneschaucies et bailliages de nostre royaume, vacqueront, il y soit pourveu de personnes notables, sages, expertes et congnoissans en fait de justice, selon les lieux et pays « où ilz seront assis ; lesquelles personnes soient « prinses par bonne éleccion sans faveur ou accepcion de personnes. »

Cependant l'inamovibilité des magistrats n'était pas encore reçue. En 1407 l'ordonnance de 1388 et celle de 1400 furent confirmées. Louis XI, ce roi qui le premier sentit le besoin de s'appuyer sur les roturiers, qui se fit appeler bourgeois de la ville de Paris, fit du parlement un corps véritable en concédant à ses membres le droit d'être inamovibles.

« Sçavoir faisons, dit-il, que nous, considérant

« que en noz officiers consiste, soubs nostre auctorité, « la direction des faicts par lesquelz est policée et en- « tretenue la chose publique de nostre royaume, et « que d'icelluy ilz sont les ministres essentiaulx, « comme membres du corps dont nous sommes le « chief; voulans extirper d'eulx icelle doubte et pour- « veoir à leur seureté en nostre dict service, telle- « ment qu'ilz aient cause de y faire et perseverer « ainsi qu'ilz doivent, statuons et ordonnons par ces « presentes, que desormais nous ne donnerons aucun « de noz offices, s'il n'est vaquant par mort ou par « resignation faite de bon gré et consentement du « resignant. » (21 octobre 1467).

Ainsi fut établie cette puissance à l'encontre de celle des seigneurs féodaux. Louis XI avait besoin d'un instrument énergique pour réaliser son dessein, (la monarchie absolue), il le créa.

Après la mort de son père, le jeune Charles VIII voulut conquérir l'Italie. Il lui fallut endetter l'état, et Louis XII voulant combler le déficit, se vit contraint de vendre les offices de judicature à peine déclarés inamovibles. Alors le progrès ne fut pas senti. On ne vit que le mal du moment, on ne vit que les sujets médiocres qui se plaçaient sur les fleurs de lys. Loisel dans son dialogue des avocats nous a laissé les plaintes de son temps, elles nous ont encore été transmises par le traité des offices du savant Loyseau. On ne pouvait alors sentir l'effet de la création d'un nouveau pouvoir. Une nouvelle noblesse se levait contre l'ancienne, une lutte allait s'engager où l'une et l'autre perdraient leur crédit aux acclamations de la nation entière. Laissons donc de côté les plaintes des avocats trop pauvres pour acheter des charges, ne nous occupons pas des résistances du parlement, mais jugeons par l'effet et nous serons contraints d'avouer que la France s'avançait dans la voie du progrès.

Les garanties données aux officiers pourvus de charges vénales, rendirent la magistrature héréditaire. Bientôt les offices furent déclarés immeubles, propres à leurs possesseurs. Leur prix en cas de vente se partageait entre les créanciers hypothécaires. Peu d'auteurs ont approuvé cette législation, cependant Montesquieu l'a défendue pour les états monarchiques. Je ne réfuterai point ses raisons elles sont contraires à la liberté. Voltaire le plaignait d'avoir déshonoré son ouvrage par de tels paradoxes. Filangieri ne voulait pas non plus de la vénalité des charges ; mais si nous voyons ce qu'a produit cette institution nous l'approuverons, non en principe, bien à cause de ses résultats.

Les offices vénaux sont fort réduits aujourd'hui, nous devons espérer que le nombre n'en augmentera pas. Comme les offices ne se rapportent pas à des immeubles, ils constituent une sorte de biens à compter avec les meubles.

Le prix des charges vénales peut être réglé à une somme arbitrée entre le titulaire et celui qu'il veut faire son successeur; cependant le gouvernement a le droit de ne pas sanctionner un traité contenant des clauses trop onéreuses pour le preneur. Il y a présomption d'immoralité, soit contre le cédant, soit contre le cessionnaire d'un office, quand le prix est exagéré.

Le 21 février 1817 une circulaire ministérielle fixa le prix des charges des greffiers à l'équivalent de deux années du revenu de ces offices. Le premier mai 1818 le sieur Gainé céda sa place de greffier en chef du tribunal de Meaux, moyennant 35,000 francs. L'acquéreur après avoir reçu sa commission, refusa d'acquitter cette dette, parceque la vénalité des offices était abolie. Et il se fondait sur la circulaire du 21 février 1817 afin ,en dernière analyse, de faire réduire le prix de son acquisition. Le tribunal de Meaux, la cour royale de Paris et la cour de Cassation (arrêt de Cassation du 20 juin 1820), ont repoussé ces prétentions. C'est que les circulaires ministérielles n'ont jamais force de loi; c'est que si un ministre a le droit de refuser la sanction royale à un traité relatif à un office, ce ministre en faisant un réglement général ne peut obliger les tribunaux à se conformer à sa volonté.

Le gouvernement désigne le mode d'après lequel on pourvoit au remplacement du titulaire destitué. L'article 91 de la loi de 1816 lui en donne la faculté.

On ne peut forcer un agent du gouvernement à se dépouiller de son titre. Mandataire du pouvoir il ne peut perdre cette qualité sans la volonté de son mandant. Les créanciers d'un individu peuvent bien, si cet individu a vendu son office s'en faire compter le prix. Leur droit ne s'ouvre qu'au jour où le nouveau titulaire est entré en fonctions.

D'ailleurs si les créanciers d'un notaire par exemple avaient le droit de le forcer à se démettre de sa charge, ou de la faire saisir, on devrait en conclure qu'ils auraient le droit de faire vendre cette charge aux enchères, ce qui ne peut être, comme l'a jugé la cour de Caen le 12 juillet 1827. C'est qu'aux enchères il pourrait arriver que la place fut achetée par un spéculateur, dans la vue d'en tirer un bénéfice en la revendant. Une délégation de l'autorité ne peut être mise de la sorte à la merci des particuliers; l'intérêt général aurait trop à en souffrir.

On pourrait soutenir que certains officiers ne sont pas les représentants du gouvernement. Ceci serait une erreur, appliqué aux avoués comme aux autres titulaires des fonctions vénales. Ces officiers ministériels sont institués dans la vue de faciliter l'administration de la justice. Intermédiaires entre le juge et les plaideurs, ils sont membres de l'ordre judiciaire, partie du pouvoir exécutif. Si l'on tient compte de ces prémisses on sera peu embarassé dans la solution des questions suivantes.

Un individu avait vendu son office, c'est-à-dire avait promis de vendre son office, or comme la promesse de vente vaut vente celui à qui il avait promis de céder sa charge voulut lui faire tenir sa promesse. Le 7 mai 1834 la cour royale de Bordeaux, forcait le cédant à vendre sa charge disant qu'à défaut d'acte l'arrêt en tiendrait lieu.

Les autres cours ont répudié cette solution, la cour de Limoges, celle d'Agen, celle de Douai et la cour de Cassation ont jugé que c'était une obligation de faire, résoluble seulement en dommages-intérêts d'après le principe *nemo potest cogi ad factum*. La dernière décision est celle de Douai rendue le 20 janvier 1838. La majorité des arrêts n'est pas une raison cependant j'adopte la jurisprudence contraire à l'arrêt de Bordeaux. J'ai encore pour moi l'ancienne jurisprudence et l'opinion de MM. Championnière et Rigaud en leur traité des droits d'enregistrement n° 1657 en note.

« Le vassal qui vendait, disent-ils, s'engageait à ré-
« signer son fief aux mains du seigneur, qui, de son
« côté, se trouvait obligé par les usages établis, à
« investir l'acquéreur; cette obligation même n'était
« qu'alternative, car il pouvait s'y refuser en rete-
« nant le fief par la voie de retrait. Cependant la

« convention passée entre le vassal et son successeur « reçut le nom de vente, et en effet c'était le contrat « auquel elle ressemblait le plus. Le possesseur du « fief le vendait autant qu'il était en lui. Nous avons « l'exemple d'une convention presque identique dans « celle qui se passe aujourd'hui entre le titulaire d'un « office et celui qu'il s'engage, moyennant un prix « à désigner pour son successeur ; ce contrat n'est « assurément pas celui par lequel l'un s'oblige à li- « vrer une chose, ni celui dans lequel la propriété « est acquise de droit à l'acheteur ; cependant on le « qualifie vente, et les tribunaux s'accordent assez « généralement à lui en attribuer les caractères au- « tres que la transmission. »

En effet au pouvoir exécutif seul appartient de donner la charge ou de la refuser. Il n'y a pas vente proprement dite, dès lors on ne saurait appliquer aux ventes d'offices l'article 1580 du code civil dérogeant au droit général qui est que nul ne peut être contraint à un fait, puisque toute obligation de faire se résout en dommages intérêts c. civ. 1142.

Le titulaire ayant donné sa démission en faveur d'un individu peut-il retirer cette démission ? Sous l'ancien droit cela était reçu et on le nommait *le regrès*. La chancellerie seule me paraît juge de ce fait. C'est à elle qu'il appartient de trancher ces difficultés dont les tribunaux ne doivent pas retentir.

On s'est demandé si l'on pouvait effacer de nos lois la vénalité des offices. Cette question n'était pas faisable. L'avenir ne peut être engagé par une mesure législative. De là suit que la vénalité des charges peut être attaquée. La question de savoir s'il est opportun de s'occuper d'une réforme et s'il convient d'indemniser les titulaires au cas où on en viendrait à les déposséder, sort du cadre de cette dissertation.

La nécessité d'assurer le service des dépêches, a fait établir sous le nom de maîtres de postes des préposés à la conduite des malles d'un lieu à un autre. Ces individus sont en possession du droit de présenter leurs successeurs, mais ce droit ne leur étant pas concédé par la loi, leurs charges ne sont pas vénales. (Riom 30 mai 1838)

De même, par mesure de surveillance, le gouvernement autorise certaines personnes à exercer la profession d'imprimeur, de lithographe ou de libraire de préférence à tous autres ; bien que les brevets se cèdent et transportent comme s'ils constituaient une propriété, ils n'en sont pas une réellement. (ord. en conseil d'état du premier août 1837.)

Le génie des industriels invente chaque jour de nouvelles machines. Les peintres, les statuaires transforment des matières de peu de valeur et leur donnent un prix inappréciable. Retiré dans un lieu solitaire un homme consacre ses veilles à approfondir les vérités premières ; son livre doué d'un charme inexprimable montre les fondements de la société, consolide nos institutions. — Tous ces hommes ont incontestablement droit à une récompense. Leur pensée vient de revêtir une forme et sous ce rapport elle tombe dans le domaine de la loi.

Les travaux de l'esprit méritent la protection des législateurs, aussi bien que les travaux du corps. De tout temps, un auteur a eu le droit de garder ses manuscrits pour lui. Autrefois les conditions qu'il mettait à livrer son œuvre le regardaient ; mais une fois vendu, il avait vendu tous ses droits. Enfin si sa harangue avait été publique, si sa tragédie avait été représentée sur un théâtre, devant le peuple d'une ville, ces œuvres dans la mémoire de tous étaient communes à tous comme la lumière du soleil. Aristote et Sophocle n'ont jamais réclamé la propriété exclusive de leurs œuvres. Et sans aller si loin dans le passé, nos érudits du 16me siècle, et avant eux Barthole et les autres n'ont jamais réclamé le droit de vendre leurs œuvres seuls et par préférence, une fois que le public en avait eu connaissance. La propriété littéraire donnant à l'auteur le droit d'empêcher la reproduction de ses ouvrages me parait en désaccord avec la raison. Est-ce que celui qui aura gravé dans sa mémoire une pièce moderne ne pourra pas dire cette tragédie, comme le récit de Théramène, ou le discours d'Auguste à Cinna? Oui s'il n'en tire aucun lucre dit-on !voici ce que je ne puis comprendre. La scène, la presse font connaître les vers du poëte, les livres courent de main en main et pourtant il n'est pas permis de réimprimer ces livres. Ainsi un père ne pourra pas les transcrire pour l'instruction de ses enfants ; ainsi un professeur d'histoire ne pourra pas à ses élèves redire un de ces beaux récits si bien écrits si bien façonnés par la plume de l'Homére de l'histoire des Francs M. Augustin Thierry !! Puis un littérateur animé des sentiments de M. Chateaubriant pour le paradis perdu de Milton ne pourra pas dans sa leçon se servir des phrases sonores et poëtiques du maître dont il aura su s'approprier toutes les pensées. Dans toutes ces circonstances il y aura violation de la propriété ! ! La loi le veut ainsi donc cela est bon La république punit les usuriers disait Caton, c'est pour cela que l'usure est un mal. Je ne crois point à la bonté à la nécessité de l'usure, mais je crois que l'on en viendra à l'obolition de la propriété littéraire ; je ne crois pas que la société l'admette.

L'œuvre sortie de nos mains n'y peut plus rentrer. Un fait accompli, ne peut pas ne pas avoir été. Je sais bien que le bénéfice d'une première édition sera peu de chose pour l'auteur ; mais la gloire, l'honneur si chères à nos anciens, l'amour des hommes si grand dans les âmes chrétiennes soutiendront les savants. Les ouvrages sur le sanscrit donnaient peu de bénéfice à leurs auteurs, il y a quelques années, Anquetil Duperron sans argent pour avoir du bois, sans argent pour se vêtir en poursuivait-il moins ses belles découvertes ? On me répondra avec l'exemple de la fin malheureuse du poëte Gilbert. Gilbert n'eut pu vivre du produit de ses vers, cet exemple est mauvais. Quand bien même l'abolition de la propriété littéraire viendrait à nous débarrasser de tous les hommes de lettres dont les œuvres sans portée ne laissent pas de traces, je n'y verrais pas un grand mal.

Les travaux intellectuels deviennent productifs d'une autre façon que par la vente. Un publiciste arrive ordinairement à la représentation nationale. — L'enseignement, l'institut appellent les savants de bon aloi. Là se trouve la véritable récompense des écrivains, si cette récompense doit être matérialisée. Il y a pourtant mieux que de l'or: L'amour du bien public, le désir d'être utile, en un mot le dévouement paie généreusement ses adeptes.

Cependant notre législation accorde aux auteurs le droit exclusif de reproduire leurs œuvres pendant leur vie, et ce droit est par eux transmissible à leurs veuves et héritiers. Ce droit s'applique aux pièces de théâtre aux œvres musicales, aux dessins, gravures et statues. (cass. 17 9bre 1814.)

Il me semble que de même que la propriété littéraire, le droit accordé aux inventeurs d'exploiter seuls leur nouvelle découverte, se justifie fort mal. M.

Charles Comte, l'un des plus chaleureux défenseurs de la propriété littéraire, refusait de reconnaître la propriété d'une invention. M. Comte émule de Bentham se déterminait par l'utilité de la société. Tout ce qui va contre son principe lui semblait faux. Mais les choses matérielles ne sont pas plus utiles que les produits de l'intelligence. Voilà ce dont on ne se pénétre pas assez. Il y a pourtant longtemps que l'on va répétant cet axiome : L'homme ne vit pas seulement de pain.

Il importe à l'homme de vivre dans son corps, il lui importe également de vivre dans son âme. M. Comte ne voit, pour l'auteur, d'autre gain que celui qu'il retire de la vente de ses livres. Pindare et Sapho aux beaux jours de la Grèce, faisant tressaillir tout un peuple attentif à les écouter, en avaient d'autre sorte.

L'intelligence est payée par l'intelligence. Les sévères raisonnements de l'essai sur l'indifférence en matière de religion, servent tous les jours de thème aux leçons de nos prêtres ; est-ce que M. Lamennais sacrifierait cet honneur pour doubler l'argent produit par son livre ? il en est de même de tous les écrivains. Les enfants d'Édouard se fusssent produits sans les avantages assurés aux auteurs dramatiques. Le désir du gain vient au poëte après celui du renom.

On n'en saurait dire autant des inventions des industriels. Le premier but des inventeurs est de gagner vite le plus d'argent possible. On devrait donc les payer en argent, et les écrivains par des fonctions publiques et des distinctions honorables. Mais répond-on le monopole d'une nouvelle invention crée un droit funeste, préjudiciable à la société! N'en est-il pas ainsi du monopole appelé propriété littéraire? Le même argument sert à l'attaquer.

Que si la méthode synthétique de M. Jacotot avait produit le résultat qu'il en voulait tirer, est-ce qu'il n'y aurait pas eu nécessité, une première édition de ses œuvres étant épuisée, d'en faire une seconde?

D'ailleurs il arrive que les sciences marchent devant les arts pour lesquels elles tracent des voies nouvelles. Lavoisier a ouvert par sa classification une route certaine aux fabriquants de produits chimiques. Que s'il avait refusé après avoir tiré une centaine d'exemplaires de son livre, pour arriver à l'académie des sciences, de donner au public le secret de ses découvertes, il n'y aurait pas eu un monopole. Pour moi je comparerais son action à celle de James Wat si après avoir pris un brevet ce patient ouvrier eut refusé de vendre des machines à vapeur.

La loi Romaine, l'ancien droit Français ne reconnaissaient pas la propriété littéraire. Néanmoins après la découverte de l'imprimerie, les ordonnances de nos rois imposèrent aux imprimeurs l'obligation de demander l'autorisation de publier les ouvrages qu'ils voulaient livrer au commerce. Ces permissions étaient appelées privilèges. Ces privilèges étaient concédés pour un temps plus ou moins long d'après l'importance des ouvrages que l'on offrait au public. C'était une mesure de police; aussi arrivait-il qu'un second libraire obtenait un privilège avant l'expiration du temps fixé pour le monopole du premier impétrant. L'ordonnance de Moulins, celle de Blois et celle d'Orléans avaient défendu l'impression des ouvrages à peine de perdition de biens et de punition corporelle, si l'imprimeur n'avait pas obtenu de privilége.

La question de savoir si le privilège constituait une propriété fut tranchée par un arrêt du conseil du 30 août 1777. Tout auteur à qui un privilège était concédé s'il ne cédait ce privilège à un libraire, en jouissait à perpétuité et le transmettait à ses hoirs aussi en perpétuité. L'obligation de soumettre ses écrits à l'examen de censeurs, fut levée par l'assemblée constituante. Le 24 août 1789 cette assemblée adopta l'article suivant qui devait être inséré dans la déclaration des droits de l'homme.

« La libre communication des pensées et des opi-
« nions est un des droits les plus précieux de l'hom-
« me. Tout citoyen peut donc parler, écrire, impri-
« mer librement, sauf à répondre de l'abus de cette
« liberté. »

On en vint alors à dire que la propriété littéraire était abolie, et le législateur fut obligé de se prononcer. Le 19 juillet 1793, il est intervenu une loi où on disait :

« Art. 1er. Les auteurs d'écrits en tout genre,
« les compositeurs de musique, les peintres et dessi-
« nateurs, qui feront graver des tableaux ou dessins,
« jouiront, durant leur vie entière, du droit exclusif
« de vendre; faire vendre, distribuer leurs ouvrages
« dans le territoire de la république, et d'en céder la

« propriété en tout ou en partie.

« Art. 2. Leurs héritiers ou cessionnaires, joui-
« ront du même droit, durant l'espace de dix ans,
« après la mort des auteurs. »

Un décret du 5 février 1810 a ainsi modifié ces dispositions :

« Art. 39. Le droit de propriété est garanti à
« l'auteur et à sa veuve pendant leur vie, si les con-
« ventions de celle-ci lui en donnent droit, et à leurs
« enfants pendant vingt ans.

« Art. 40. Les auteurs soit nationaux, soit étran-
« gers, de tout ouvrage imprimé ou gravé, peuvent
« céder leur droit à un imprimeur ou libraire, ou à
« toute autre personne, qui est alors substituée en
« leur lieu et place, pour eux et leurs ayant cause,
« comme il est dit à l'article précédent. »

Pour conserver la propriété d'un ouvrage la loi de 1793 imposait l'obligation d'en déposer deux exemplaires à la bibliothèque nationale, ou au cabinet des estampes de la république. Le décret du 5 mai 1810 obligea les imprimeurs au dépôt de 5 exemplaires, ce chiffre fut maintenu par une ordonnance du 24 octobre 1814 ; enfin le 9 janvier 1828 le dépôt demandé par le décret et l'ordonnance dont je viens de rappeler les dates fut de nouveau réduit à deux exemplaires. On s'est demandé si le dépôt des 5 exemplaires sous l'empire du décret de 1810 et de l'ordonnance de 1814 ou de deux depuis 1828 équivalait à celui demandé par la loi de 1793.

Il me semble que cette question doit être facile à trancher, en effet le décret de 1810 dont l'ordonnance de 1814 a suivi les errements portait sur la propriété littéraire. On doit en inférer que le dépôt qu'il a prescrit est le seul nécessaire. L'ordonnance de 1828 étant revenue à la loi primitive et n'étant que la conséquence d'une loi du 21 octobre 1814 il me semble que le dépôt qu'elle demande doit suffire. Ainsi l'a jugé la cour de Cassation le 1er mars 1834, et sa décision a été accueillie par toutes les cours royales appelées à juger la même question.

Mais si un auteur négligeait de faire le dépôt demandé, son œuvre tomberait dans le domaine public. Tout le monde aurait le droit de la reproduire et de la vendre. Le tribunal criminel de la Seine a jugé le 8 fructidor an XI que le dépôt fait après qu'une contrefaçon avait été livrée au commerce, constituait pour le dépositaire le droit d'empêcher la vente de la contrefaçon. Cet arrêt a admis une erreur ce me semble, car en ne déposant pas les exemplaires demandés par la loi l'auteur avait consenti à faire tomber son ouvrage dans le domaine public. Dès lors si quelques personnes s'étaient emparées de son livre et l'avaient réimprimé, ces personnes avaient eu ce droit et on ne pouvait le leur faire perdre plus tard sans donner un effet rétroactif au dépôt fait postérieurement à cette réimpression autorisée par la loi. (*Sic*, Rouen 10 décembre 1839).

Si un individu m'a écrit une lettre, cette lettre ne peut être imprimée sans son aveu. Le soin de la réputation des citoyens l'exige. Il en est de même des vers, de la musique jetés en passant par le poëte ou le musicien en souvenir de leurs voyages ou de leurs affections.

Rossini avait écrit une valse sur l'album d'une princesse, celle-ci l'ayant publiée, la revue musicale se crut en droit de la porter à la connaissance de ses abonnés. Le musicien s'est plaint de cette violation des lois sacrées de l'amitié et il a intenté une action contre le propriétaire de la revue musicale qui a été condamné. (Paris 6 janvier 1843).

Celui qui a acheté un tableau ou une statue peut-il les reproduire par la gravure? Une ordonnance du conseil d'état en date du 10 septembre 1814 est ainsi conçue :

« Art. 1er. Les contrefaçons en sculpture qui « comprennent les moules, contre moulès et estam- « pes, sont prohibées. Les dispositions des lois et « réglements sur les contrefaçons en général son dé- « clarées leur être en tout applicables.

« Art. 2. Les contrefaçons de gravures en mé- « daille et en pierres fines sont comprises dans la « même prohibition.

« Art. 3. Nul ne peut, du vivant des auteurs et « même après leur mort, pendant la durée du temps « fixé par la loi, s'emparer de leurs ouvrages, s'il n'en « a pas acquis le droit d'eux ou de leurs héritiers ou « de ceux à qui ils peuvent avoir cédé leur pro- « priété.

« Art. 4. Les copies exactes des ouvrages de sculp- « ture, et que ces copies soient du reste d'une plus « forte ou d'une moindre proportion que le modèle, « sont défendues quand elles n'auront pas été autori-

« sées par le propriétaire. »

Bien que cette ordonnance n'ait pas été publiée au bulletin des lois, elle n'est rien autre chose que la saine interprétation de la loi de 1793 par conséquent on doit s'y tenir. (cour de Cass. 17 novembre 1814.)

La question se présente donc avec les mêmes raisons de décider pour la peinture que pour la sculpture. Je croyais qu'il était dans l'esprit de la loi du 19 juillet de donner aux seuls peintres le droit de publier leurs œuvres en les reproduisant. J'avais cru y voir une conséquence de la faculté que nous avons de faire respecter notre réputation, un arrêt de Cassation rendu *Consultis classibus* le 27 mai 1842 a décidé que le droit de reproduction suivait le tableau ou la statue. Le temps fait changer les décisions des cours : comme il modifie les hommes, il modifie les sociétés. Un jour une doctrine contraire à celle de la cour de Cassation prévaudra peut-être, en attendant cette nouvelle décision, il faut s'incliner devant celle du 27 mai 1842.

J'arrive maintenant à la législation qui régit les brevets d'inventions. (1)

(1) Au moment où je venais d'achever mon travail, la chambre

La loi du 31 septembre 1790, 7 janvier 1791 a établi « art. 1er Toute découverte ou nouvelle invention, dans tous les genres d'industrie, est la propriété de son auteur, en conséquence la loi lui en garantit la pleine et entière jouissance, suivant le mode et pour le temps qui seront ci-après déterminés.

« Art. 2. Tout moyen d'ajouter à quelque fabrication que ce puisse être, un nouveau genre de perfection, sera regardé comme une invention.

« Art. 3. Quiconque apportera le premier en France une découverte étrangère, jouira des mêmes avantages que s'il en était l'inventeur. »

De même que dans les prévilèges accordés aux imprimeurs on trouve le germe de notre droit sur la propriété littéraire, de même on peut dans les prévilèges accordés à certaines personnes pour l'exploitation de procédés de fabrication, trouver un précedent favorable aux inventeurs de découvertes industrielles.

Le 24 septembre 1762 Louis XV statuant par mesure générale porta la déclaration dont voici un extrait.

des pairs adoptait un projet de loi qui sanctionne presque toutes les solutions données dans cette thèse.

« Les privilèges en fait de commerce, qui ont pour
« objet de récompenser l'industrie des inventeurs ou
« d'exciter celle qui languissait dans une concurrence
« sans émulation, n'ont pas toujours le succès qu'on
« en peut attendre, soit parceque ces privilèges, ac-
« cordés pour des temps illimités, semblent plutôt être
« en patrimoine héréditaire qu'une récompense per-
« sonnelle à l'inventeur, soit parceque le privilège
« peut être cédé souvent à des personnes qui n'ont pas
« la capacité requise, soit enfin parceque les enfants,
« successeurs et ayant cause du privilégié, appelés
« par la loi à la jouissance du privilège, négligent
« d'acquérir les talents nécessaires. Le défaut d'exer-
« cice de ces privilèges peut avoir aussi d'autant plus
« d'inconvénients qu'ils gênent la liberté sans fournir
« au public les ressources qu'il en doit attendre ; en-
« fin le défaut de publicité des titres du privilége
« donne souvent lieu au privilégié de l'étendre et de
« gêner abusivement le travail de nos sujets. A ces
« causes etc. . . Voulons et nous plait ce qui suit :

« Art. 1er Tous les privilèges en fait de commer-
« ce, qui ont été ou seront accordés à des particuliers,
« soit en leur nom seul soit en leur nom et compa-
« gnie, pour des temps fixes et limités, sont exécutés

« selon leur forme et teneur, jusqu'au terme fixé par « les titres de concession d'iceux.

« 2. Tous lesdits privilèges, qui ont été ou seraient « dans la suite accordés indéfiniment et sans terme, « seront et demeureront fixés et réduits au terme « de quinze années de jouissance, à compter du titre « de concession, sauf aux privilégiés à obtenir la pro- « rogation desdits privilèges, s'il y a lieu; n'entendons « cependant rien innover à l'égard des concessions « par nous faites en toute propriété, soit en franc aleu, « soit en fief, soit à la charge de redevances annuelles.

« 3. Les privilèges etc . . .

Ainsi les privilèges accordés pour recompenser les inventions, représentaient bien les patentes ou brevets de la législation actuelle.

Les brevets décernés sont de trois sortes: les brevets d'invention, les brevets de perfectionnement et les brevets d'importation.

Les brevets d'invention ne s'accordent que pour une industrie licite et nouvelle. Par industrie on doit entendre ce qui a rapport aux arts et métiers. Une loi du 20 septembre 1792 le déclare expressément, elle est ainsi conçue : « L'assemblée notionale, consi-

« rant que les brevets d'invention qui sont autorisés
« du 7 janvier 1791, ne peuvent être accordés qu'aux
« auteurs de toute découverte ou nouvelle invention
« dans tous les genres d'industie seulement relatifs
« aux arts et métiers ; que les brevet d'invention qui
« pourraient être accordés etc. . . . »

Par application de ces principes la cour de Grenoble a jugé le 12 juin 1830 qu'un brevet d'invention ne pouvait être délivré à l'auteur d'une méthode de lecture. Le 21 février 1837 la cour de Cassation a jugé la même chose pour une méthode de calligraphie.

Pour que l'invention soit réputée nouvelle, il faut que l'industrie n'ait pas été à même de s'en emparer. Si avant d'avoir réclamé son brevet un individu a exposé sa machine au public il ne pourra plus empêcher les autres d'en faire des semblables. (Cass. 10 février 1806.) En conséquence il a été jugé le 19 mars 1821, le 24 septembre 1833, que l'on pouvait prouver par témoins, contre un individu muni d'une patente ou brevet d'invention, que le procédé était connu avant l'obtention de cette patente. Il y en a encore un arrêt du 3 avril 1841.

La publicité antérieure à l'obtention du brevet n'est pas une cause de déchéance, parceque les causes de déchéance sont limitées par la loi, c'est ce que la cour de Rouen a jugé le 4 mars 1841, et celle de Paris le 19 mars 1842. Néanmoins celui qui est poursuivi comme contrefacteur a le droit d'opposer cette publicité, au porteur d'un brevet, dans le but d'éviter une condamnation.

Voici comment la loi s'exprime pour la déchéance des brevets ; sont déchus : « 1° Tout inventeur convaincu d'avoir, en donnant sa description, recelé « ses véritables moyens d'exécution.

« 2° Tout inventeur convaincu de s'être servi, « dans sa fabrication de moyens secrets qui n'auraient « point été détaillés dans sa description, ou dont il « n'aurait pas donné la déclaration pour les faire « ajouter aux énoncés dans sa description.

3° « Tout inventeur ou se disant tel, qui sera « convaincu d'avoir obtenu une patente pour des dé- « couvertes déjà consignées dans des ouvrages im- « primés et publiés.

« 4° Tout inventeur qui dans l'espace de deux « ans à compter de la date de sa patente, n'aura

« point mis sa découverte en activité, et qui n'aura « point justifié les causes de son inaction.

« 5° Tout inventeur qui, après avoir obtenu une « patente en France sera convaincu d'en avoir obtenu « une en pays étranger.

« 6° Enfin tout acquéreur du droit d'exercer une « découverte énoncée dans une patente, sera sou- « mis aux mêmes obligations que l'inventeur. »

Les deux premières causes de déchéance tiennent au mode dont les patentes délivrées aux inventeurs doivent être demandées. Je reviendrai plus bas sur ce sujet.

Un décret du 25 janvier 1807 disant que le brevet demandé doit être considéré comme obtenu, il s'en suit que le procédé peut-être exploité sitôt après la demande, sans que le public ait le droit de s'en emparer. (Cour de Paris 13 août 1840.)

On ne saurait équivoquer et dire qu'une invention portée par la lithographie à la connaissance des savants n'a pas été consignée dans un ouvrage imprimé. La déchéance est encourue si la publication du procédé a eu lieu à l'étranger, comme si elle avait eu lieu en france. (Cassation 9 janvier 1828, Rouen 14 janvier 1829.)

Cependant une simple indication dans un ouvrage ne suffirait pas, il faut une description suffisante pour faire connaître aux lecteurs le moyen à suivre et le résultat qu'on en obtient. (Cassation 13 février 1839.)

Les brevets de prefectionnement sont accordés pour des améliorations sérieuses ainsi la loi du 25 mai 1791 porte: « Ne seront point mis au rang des per-« fections industrielles les changements de formes « ou de proportions, non plus que les ornements de « quelque genre que ce puisse être. » Certains auteurs ont cherché à préciser quand un brevet de perfectionnement devait être accordé ou refusé. (M. Foucard, T. 1o no 406). Ils ont dit que le degré de perfection ne devait pas être breveté, mais bien le genre.

Cette distinction ne paraît pas à l'abri de la critique. Le degré de perfection exprime une différence dans le procédé de fabrication, ou dans le produit fabriqué ; un genre de perfection en exprime un aussi. La séparation entre ces deux termes est impossible à

déterminer. Il faut voir comment on l'a fixée: « Le de-
« gré de perfection d'un ouvrage, disait M. Boufflers
« rapporteur de la loi du 7 janvier 1791, peut tenir
« au choix de la matière à la forme à la grâce, à
« la proportion, à l'accord, au fini de toutes les
« parties, enfin à tout ce qui dépend du goût de
« l'artiste, du soin du maître et de l'adresse de l'ou-
« vrier, c'est alors l'espèce de perfection dont l'ou-
« vrage est susceptible; c'est une degré de perfection
« de plus; mais ce n'est point un nouveau genre de
« perfection.

« Ce qu'on entend par un nouveau genre de per-
« fection tient à une nouvelle pensée, que les autres
« agents de l'industrie, que l'inventeur même de la
« chose n'avaient pas conçue et qui procure ou une
« facilitation de travail ou une extension d'utilité:
« Or ce moyen inconnu de perfection, souvent d'une
« grande minutie en apparence; mais d'une grande
« utilité belle, devient nécessairement la propriété
« de son inventeur. »

Si M. de Boufflers avait dit en supprimant la mot genre et le mot degré tout ce qu'il a avancé, il n'y aurait rien à reprendre; mais je ne vois pas que sa distinction soit reçue et par conséquent on ne saurait admettre ce qu'il a dit du genre et du degré : mais bien que, s'il y a extension d'utilité de la chose inventée il y a lieu d'accorder un brevet de perfectionnement.

Ainsi l'inventeur du papier pourra avoir un brevet d'invention, celui qui aura eu l'idée de le blanchir et celui qui l'aura collé auront chacun un brevet de perfectionnement.

Il est facile de comprendre combien il eut été à craindre, que des indiscrétions ne fussent commises si les inventeurs avaient été obligés de faire examiner leur découverte avant la délivrance de leur patente. La loi a prévu cet inconvénient, et y a obvié.

Celui qui veut obtenir un brevet d'invention, se présente à la sous-préfecture de son arrondissement ou à la préfecture de son département. Il expose sa demande et précise la nature du brevet qu'il réclame, disant s'il est d'invention, de perfectionnement ou d'importation. Il joint à sa réclamation un paquet cacheté, contenant la description exacte de tous les moyens qu'il se propose d'employer, avec les dessins nécessaires pour l'explication de l'énoncé.

Un reçu lui est donné et sitôt que le paquet arrive au ministère de l'intérieur on lui expédie un certificat de demande. Le brevet est donné plus tard et tous les trois mois le bulletin des lois publie les noms de individus qui ont obtenu, dans le dernier trimestre, des patentes d'invention, de perfectionnement ou d'importation.

Comme le gouvernement ne peut refuser la patente demandée, on y ajoute la déclaration suivante :

« Le gouvernement en accordant un brevet d'in-
« vention sans examen préalable, n'entend garantir
« en aucune manière ni la priorité, ni le mérite, ni
« le succès d'une invention. »

Afin d'empêcher la délivrance de brevets inutiles, la communication des spécifications, (on nomme ainsi la description des moyens employés par les brevetés), est donnée à tous ceux qui la demandent.

La loi du 25 mai 1791 avait défendu l'exploitation des brevets par des sociétés par actions, mais un décret du 25 novembre 1806 a changé cette disposition de la loi.

Les brevets sont délivrés au choix de l'impétrant pour 5, 10 ou 15 ans. La somme à payer à l'état varie avec la durée du brevet. On donne 300 francs pour un brevet de 5 ans, 800 pour un de 10 ans et 1500 pour un brevet de 15 ans de durée. On ne peut accorder un privilège de plus de 15 ans à celui qui demande un brevet d'invention, sans qu'une loi n'y autorise le gouvernement.

L'individu qui a pris d'abord un brevet pour 5 ou dix ans, peut demander et obtenir une prolongation de son monopole ; cependant si un perfectionnement avait été brévété entre l'obtention du premier brevet et la demande de prolongation, l'inventeur du perfectionnement aurait le droit de jouir des travaux de l'autre inventeur, sans que la prolongation obtenue; put en rien lui être opposée,

La patente prise pour une importation expire avec terme fixé pour le monopole du premier inventeur.

Un décret du 13 août 1810, non inséré au bulletin des loi et partant qui n'est pas exécutoire avait accordé aux individus brevetés pour une importation un droit égal à celui des inventeurs nationaux pour la durée du privilège Ce décret ne doit pas être exécuté je l'ai déjà dit. (Code civil article 1er;)

Il importe peu que la chose inventée ait été ou

non brévetée à l'étranger, celui qui l'importe n'est pas moins autorisé à réclamer le droit de jouir de son importation exclusivement à tout autres (Paris 13 août 1840.)

L'administration n'a pas le droit de prolonger la durée d'un brevet d'invention, de perfectionnement ou d'importation au delà de 15 années. Il est arrivé qu'elle s'est ingérée de le faire. Sa décision ne peut nuire aux droits des tiers. La cour de Cassation sur un rapport de M. Pardessus avait jugé le contraire le 5 mars 1822 ; la majorité des auteurs a désapprouvé cette décision.

J'ai parlé des causes de déchéance établies par la loi, contre ceux qui n'auraient pas acquitté la taxe qui leur est imposée, ou qui n'auraient pas mis leur droit en exercice dans les deux ans de l'obtention de leur brevet : l'administration veut seule avoir le droit de demander cette déchéance et refuse aux tribunaux le droit de juger si elle a été ou non encourue. M. Foucard n'admet pas ces prétentions et il me semble que la vérité se trouve avec lui. La loi prononce la déchéance, un privilége exception au droit commun est odieux, *odia sunt restringenda*, dit un ancien adage, donc on doit rentrer dans le droit commun, d'après lequel chacun a le droit de travailler et de travailler comme il l'entend, quand toutes les formalités n'ont pas été suivies.

La propriété littéraire, celle des brevets sont garanties par des lois pénales, dont je ne dois point parler ici.

Les peintres et les dessinateurs dont s'est occupée la loi sur la propriété littéraire, sont les artistes et non ceux qui appliquent leur esprit à embellir les étoffes ou tous autres objets fabriqués. Cependant ceux-ci obtiennent, comme les autres, la faculté de conserver la propriété des produits de leur intelligence, ou plutôt de leur imagination.

Le dessin doit pour constituer une propriété, avoir été jusqu'alors inconnu. La cour de Cassation l'a ainsi jugé le 31 mai 1827.

« Dans les villes où il existe un conseil de Prudhom-
« mes ce conseil est chargé des mesures conservatrices
« de la propriété des dessins. Tout fabricant qui veut
« pouvoir revendiquer par la suite, devant le tribunal
« de commerce, la propriété d'un dessin de son inven-
« tion, est tenu d'en déposer aux archives du conseil

« de Prudhommes, un échantillon plié sous enveloppe « revêtue de ses cachet et signature, sur laquelle « est également apposé le cachet du conseil de Pru- « dhommes.

« Les dépôts de dessins sont inscrits sur un registre « tenu *ad hoc* par le conseil de Prudhommes, lequel « délivre aux fabricants un certificat rappelant le n° « d'ordre du paquet déposé et constatant la date du « dépôt. » (Décret du 18 mars 1809.)

Dans les villes où il n'y a pas de conseil de Prudhommes le dépôt se fait au greffe du tribunal de commerce.

Les individus qui veulent conserver la propriété des marques de leurs fabriques, sont assujettis à un dépôt analogue.

J'ai cru devoir ici donner autre chose qu'une sèche énumération, ces biens dont la propriété est garantie par les lois, entrent dans la fortune de trop d'individus pour que mon excuse ne soit pas admise.

Du domaine public.

A côté des particuliers se trouvent les corporations reconnues par la loi. La plus importante de toutes ces personnes juridiques est sans contredit la société tout entière, dont les biens composent le domaine public.

Il faut dans le domaine public distinguer les biens productifs de revenus propres à subvenir à une portion des charges de la nation, et les biens improductifs laissés aux besoins de tous. Les derniers composent le domaine public proprement dit, on peut les ranger dans les choses qui sont à tous comme l'air, le soleil, l'eau du ciel, étant aussi nécessaires au maintien de la société que l'air le soleil le sont à l'homme. Les autres forment le domaine de l'état.

« Il ne faut pas confondre ce domaine qui est pro-
« priétairement possédé par le corps de la nation, et
« le domaine public, qui ne comprend que les choses
« qui ne sont la propriété de personne et sur lesquel-
« les l'autorité publique, exerce seulement l'admi-
« nistration. » (Proudhon du domaine de propriété, n° 821).

Les Romains rangeaient dans les choses communes la mer et ses rivages; les fleuves, les ports, le droit d'y pêcher étaient pour eux choses publiques. Si le sens des mots ne me trompe pas, la législation Romaine entendait par choses communes, celles dont tous les peuples pouvaient user, et par publiques celles qui appartenaient à une nation.

Les choses communes n'étaient à personne, les choses publiques étaient à la république.

D'après notre code, le domaine public comprend en France : 1° Les chemins, routes et rues à la charge de l'état, les fleuves et rivières navigables ou flottables, les rivages lais et relais de la mer, les ports, les havres, les rades, et généralement toutes les portions du territoire Français qui ne sont pas susceptibles d'une propriété privée.

Les portes, murs, fossés, remparts des places de guerre et des forteresses.

2. Tous les biens vacants et sans maîtres, ceux des personnes qui décèdent sans héritiers ou dont les successions sont abandonnées, et les terrains les fortifications et remparts des places qui ne sont plus places de guerre. — Il est facile de voir que la distinction que j'ai posée d'après M. Proudhon et M. Foucard se retrouve dans notre code civil.

Il n'est pas sans utilité, pour le démontrer encore mieux, de rappeler le texte de la rédaction primitive de ce même code, texte qui a été changé par l'ordonnance de 1816 qui nous a donné celui dont nous nous servons aujourd'hui. M. Proudhon voit un faux dans ce changement, c'est donner à la chose une importance trop grande. (domaine public n° 206).

« Les chemins, routes et rues à la charge de la na-
« tion, les fleuves et rivières navigables ou flottables,
« les rivages, lais et relais de la mer, les ports, les
« havres, les rades et généralement toutes les por-
« tions du territoire national qui ne sont pas suscep-
« tibles d'une propriété privée, sont considérées
« comme des dépendances du domaine public.

« Tous les biens vacants et sans maîtres, et ceux
« des personnes qui décèdent sans héritiers, ou dont
« les successions sont abandonnées appartiennent à
« la nation.

« Les portes, murs, fossés, remparts des places de
« guerre et des forteresses font aussi partie des do-
« maines nationaux.

« Il en est de même des terrains des fortifications
« et remparts des places qui ne sont plus places de
« guerre, ils appartiennent à la nation, s'ils n'ont
« été valablement aliénés, ou si la propriété n'en a
« pas été prescrite contre elle. »

Cette rédaction sans être aussi vicieuse que la dernière laissait encore à désirer. En effet les portes, murs, fossés et remparts des places de guerre et des forteresse y figuraient comme domaines nationaux et non comme partie du domaine public. Ces choses sont essentiellement publiques. Destinées à la défense de tous elles ne sont pas dans le commerce.

Cette distinction entre les choses du domaine public avait été faite par le commentateur de la coutume de Bretagne le savant d'Argentré.

Avant 1789 la règle si veut le roi si veut la loi avait confondu le domaine de l'état avec le domaine du prince ; cependant suivant en cela la législation Romaine, certains auteurs se rappelant que César avait partagé les provinces avec le sénat avaient distingué entre le trésor particulier du monarque et le trésor public. Bodin n'admettait pas cette séparation et il avait raison ce me semble comme l'a du reste prouvé M. Hennequin en son traité de législation et de jurisprudence. Je ne reviendrai pas sur ce qui a été dit par ce savant jurisconsulte.

Après avoir énuméré les choses du domaine public je dois faire une observation ; c'est qu'avant la chute du régime féodal, certains individus possédaient des chateaux forts places de guerre élevées pour résister au roi de France. Ces chateaux forts restés dans le damaine des particulliers ne sont pas ceux dont j'ai parlé. Inutiles à la société contre laquelle ils semblent élevés, susceptibles de propriété privée, il ne s'agit pas d'eux dans l'art. 540 du code Civil.

La loi déclare que les rivièra nvigables ou flottables sont dans le demaine public. On s'est demandé à qui appartenaient les petites rivières. Pour résoudre cette question contraversée et débattue entre les meilleurs esprits, il faut se reporter à l'ancien droit.

« Item, disait Bouteiller, il aduient en plusieurs
« lieux que parmy la terre d'aucun Seigneur justicier,
« soit haut ou moien, Cour et passe aucune riuière
« soit grande ou petite ou moyenne. Si est à sçavoir
« que toutes grosses riuières courant parmi le Roy-
« aume sont au Roy nostre sire, et tout le cours de
« l'eauë, et les tient on comme chemins royaux, si
« comme est la riuière de Seine, la riuière d'Oise, la
« riuière de Somme, la ruiière de Marne, la riuié-
« re de l'Escault et autres qui y sont : mais aux Sei-
« gneurs parmy la terre desquels les riuières passent,

« leurs terres et seigneries vont jusques en l'eauë et
« ont la couppure des ronsses et arboiries s'elle y
« croist ou trailles de nefs ne pourroient passer, si
« grand arboirie n'y doivent laisser qu'on y puisse
« trailler. Et s'ils ne le faisoient, les trailleurs le
« pourroient faire et coupper si auant que pour leur
« dicte traille porter. Et si la riuière se accroissoit par
« son cours d'eau, ce accroist aussi au roy : et s'elle
« s'appetisse, ce accroist au Seigneur parmy qui terre
« elle passe si comme dit est. Et des petites riuiéres
« qui ne portent point de nauire, et qui ne sont point
« riuières telles que dessus sont dictes, sont aux Sei-
« gneurs parmy qui terre et seigneurie elle passent
« Mais les heritiers qui sont joignans ausdites riuiè-
« res de riue en riue ont leur héritage jusques en
« l'eauë, et toute l'arboirie qui y croist, réserué que la
« dicte riuière doit être tenuë en sa largeur, qu'elle a
« euë d'anciennetè ; et si les sujets y fond destourban-
« ce en laissant la riuière remplir et ronssier, les
« Seigneurs en peuvent faire plainte à loy que l'em-
« peschement soit osté et réparé l'empeschement en
« dedans quarante jours sur l'amende. Et doit
« auoir la moienne riuière quatorze pieds de large,

« sept pieds au milieu de la riuière : Et la petite riuiè-
« re sept pieds à prendre les trois pieds et demy au
« milieu de celle rivière. Et y a le sujet et le Seigneur
« aussi tout tel droict comme dict est dessus. Ne n'y
« peut le sujet faire excluse, ne rigole, ne estanche
« que du cours de la rivière elle ne ait tousiours son
« droict cours sur l'amende s'ainsi n'estoit qu'il en
« est la grâce du Seigneur de qui la riuiére serait
« tenue sur l'amende. et le mendre cours d'eau cour-
« tois, si comme rieux de fontaine si est et doit ens-
« tre de trois pieds et demy de large et par l'ordonnance dessus dicte. »

Loisel a ainsi résumé la jurisprudence en cette matière.

« Les grands Chemins et Rivières navigables ap-
« partiement au Roi

« Les petites Rivières et Chemins sont aux Sei-
« gneurs des Terres et les Ruisseaux aux Particu-
« liers tenanciers.

« La Seigneurie des Seigneurs s'étend jusques aux
« bords des grandes Rivières et des Sujets tenanciers
« jusques aux petites.

« Grosses Rivières ont pour le moins quatorze « pieds de largeur; les Petites sept ; et les Ruisseaux « trois et demi. »

Ceux qui veulent que l'état soit aujourd'hui propriétaire des petites rivières, disent que les seigneurs les possédaient comme le droit de justice à titre de seigneurs féodaux.

Je sais bien que les seigneurs justiciers sont dans les livres de droit nommés comme propriétaires des petites rivières. Mais ils ne réclamaient pas seulement sur elles un droit de surveillance ils en réclamaient la propriété. Loisel et Bouteiller ne parlent pas du droit de justice comme donnant les rivières. Les auteurs plus modernes, voyant les rivières et la justice aux mêmes mains faisaient dépendre ces deux choses l'une de l'autre. Ils avaient tort de les mêler de la sorte. Chopin en son traité du domaine s'en était bien gardé. Bacquet dont les droits de justice ne sont qu'une extrait du livre de Chopin s'exprimait ainsi: « Il y a quelques petites rivières qui ne sont « publiques et navigables, *mais appartiennent à des* « *particuliers*, soient seigneurs justiciers, féodaux, « ou aultres personnes : *tout ainsi que les héritaiges* « *propres et péculiers.* »

A ce point de vue la question se simplifie. En effet la propriété des petites rivières ayant appartenu aux seigneurs, tout ainsi que leurs autres biens, l'abrogation du régime féodal n'a pu les rendre à l'état. Les articles 560 et 561 du code civil avaient paru à plusieurs jurisconsultes trancher la dificulté et ce n'était pas sans raison. Du reste quand l'article second de la loi sur la pêche fluviale fut discuté, le droit de propriété des riverains des petites rivières a été solennellement reconnu. N'ayant pas le désir de copier les raisons données par les auteurs partisans du système que j'adopte, je renvoie au n° 145 du traité de la prescription de M. Troplong. Dans une savante dissertation insérée dans la revue de la législation M. Foucard avait combattu la théorie de M. Troplong ; mais ce jurisconsulte avait admis que l'abolition du régime féodal, avait détruit la propriété des seigneurs sur les petites rivières, par là, il prêtait le flanc aux attaques. Si cela est détruit les attaques tombent et son système me parait devoir l'emporter.

Les canaux comme les routes font partie du domaine public, quant aux droits payés pour y naviguer ils sont dans le domaine national.

Avant 1790 et d'après les lois Romaines le domaine de l'état était imprescriptible. La loi du 22 novembre 1er décembre 1790 a opéré une révolution dans cette portion du droit son art. 26 est ainsi conçu : « La prescription aura lieu à l'avenir pour « les domaines nationaux dont l'aliénation est permise « par les décrets de l'assemblée nationale, et tous les « détenteurs d'une portion quelconque des dits « domaines, qui justifieront en avoir joui par eux-« mêmes ou par leurs auteurs à titre de propriétaires « publiquement et sans trouble, pendant quarante « ans continuels, à compter du jour de la publication « du présent décret, seront à l'abri de toute re-« cherche. »

Notre code s'est exprimé de la sorte :

« 2226. On ne peut prescrire le domaine des « choses qui ne sont point dans le commerce.

« 2227. L'état, les établissements publics et les « communes sont soumis aux mêmes prescriptions « que les particuliers et peuvent également les op-« poser. »

Le principe de l'inaliénabilité du domaine, commença à percer dans le 13me siècle. Nous trouvons un arrêt de 1260, qui a annulé une donation d'un ancien roi de France et remis aux mains de Saint Louis une partie du bois de Vincennes, qui était réclamée par des religieux en vertu de cette donation.

Les états du royaume rémis à Moulins en 1566 firent rendre une ordonnance qui défendait l'aliénation des biens du domaine. Elle n'était permise que dans deux cas, premièrement : pour apanage des puinés mâles de la maison de France ; secondement pour les besoins de la guerre après lettres patentes pour ce décernées en parlement, et sous la réserve de la faculté de rachat.

Une seconde ordonnance de la même année permit de donner à cens ou rentes certaines espèces de biens, tels que près, marais vains et vagues et terres. Ces biens composaient ce qu'on appelait le petit domaine, quand ils étaient ainsi aliénés ils étaient dits engagés.

L'assemblée nationale prit pour point de départ les ordonnances de 1566. Elle exempta de toutes recherches et maintint : 1° tous les contrats déchange faits régulièremeut dans la forme, et consommés sans fraude, fiction ni lésion, avant la convocation des états généraux de 1789 ; 2° Les ventes et aliénations pures et simples, sans clause de rachat même les inféodations, dons et concessions à titre gratuit, sans clause de reversion pourvuque la date de ces aliénations à titre onéreux ou gratuit, soit antérieure à l'ordonnance de 1566. (Loi du 1er décembre 1790 § 2, art 14).

Ainsi les choses du domaine de l'état étant devenues prescriptibles les détenteurs des domaines engagés ont pu en acquérir la propriété pleine et entière : mais cette matière fertile en difficultés serait de trop longue haleine pour recevoir ici les développements dont elle est susceptibles.

Biens des communes et des autres établissements reconnus par la loi.

Ainsi que l'ont dit Messieurs Renouard, Thierry Amédée, Foucard et bien d'autres d'après eux les communes nous ont été données par les curies du droit Romain. Elles présentaient d'abord un corps honoré, puissant dans sa circonscription. Mais quand le prince de l'empire se fut emparé de tout, les curies tombèrent si bas que les juifs et les hérétiques furent condamnés à en faire partie. Alors les campagnes devinrent désertes. Les forêts revenaient envahir le territoire défriché, le monde semblait retourner à la barbarie. Chacun sait les plaintes de Salvien et de Lactance.

Les curies des villes aujourd'hui méconnaissables dans les corps municipaux étaient responsables de la rentrée de l'impôt. Au nombre des moyens qu'elles avaient de se faire payer par les contribuables, on compte l'action de la loi dite *pignoris captio*, si prompte et si expéditive ; mais ce qui surtout sembla les protéger ce fut le droit qu'elles eurent de s'emparer des terres incultes et abandonnées. C'est en vain que leurs possessions s'étendaient, un terrain inculte ne peut donner qu'une charge lorsqu'il est grevé d'impôt.

Dans les Gaules le territoire des cités était limité par des terrains communs. On dit contre cela que les Marches sont d'origine germanique. Je répondrai par un fait, c'est que nous avons les Marches de l'Anjou, celles du Limousin et celles du Poitou, pays où jamais les Francs n'ont eu d'établissements stables. Les Gaels et les Kymris n'avaient-ils pas du reste la même origine que les Francs, et on peut bien croire qu'ils ont apporté avec eux les usages et les lois de leur mère patrie.

Il fut un temps où les Marches menacèrent de tout envahir. Alors ces terres incultes devinrent le rendrez-vous des bandes de voleurs : protégées contre le défrichement, par une fausse commisération pour les pauvres, on eut paru criminel d'y porter la charrue.

Mais bientôt le principe nulle terre sans seigneur domina dans les lois. Les Marches et les biens communaux furent envahis. Les municipalités asservies ne surent pas résister. Dans le nord quelques unes se défendirent, elles furent vaincues malgré l'appui de nos rois. Dans le midi quelques unes furent plus heureuses et enfin toutes ont vu tomber leurs privilèges dans la nuit du 4 aout 1789. Les luttes des communes contres les Seigneurs étaient presqu'impossibles dans le midi de la Loire. La Languedoc, rendez-vous des mécontents fut toujours flattée par ses gouverneurs.

Par l'abolition du régime féodal et aprés la loi du 14 décembre 1789 les communes ont repris leurs biens.

. Ainsi les communes ont encore des biens communaux indivis dont chacun a droit de jouir s'il est membre de la commune, si le revenu de ces biens sert aux personnes; ou s'il a des propriétés si le revenu des biens communaux appartient aux biens fonds à la propriété territoriale.

Puis elles ont des choses qu'elles afferment pour en tirer un revenu comme les salles de spectacle.

Enfin M. Foucard a appelé biens publics communaux, les rues, chemins, places, églises et bâtiments déstinés au service de tous. Il est certain que ces choses sont la propriété des communes sitôt qu'elles cessent d'être inaliénables, comme les routes royales déclassées les lieux où étaient des forteresses sont à l'état, lorsque ces choses ne sont plus dans le domaine public jusque là ils sont imprescriptibles.

Les départements et les arrondissement communaux sont des personnes juridiques ayant la capacité civile. Ces personnes peuvent donc avoir des biens. (décret du 9 avril 1811).

Les Fabriques des églises Catholiques possèdent aussi des biens. (Décret du 30 décembre 1809). Il s'est élevé une question touchant la propriété des églises on s'est demandé si cette propriété appartenait aux Communes ou aux Fabriques. Cette question ne peut être débattue entre ces deux corporations, parceque la loi a tracé leurs droits, mais vis-à-vis des tiers pour savoir à laquelle des deux compète l'action tendant à réprimer une usurpation. La cour de Cassation ayant le 7 juillet 1840 dit que ce droit était à l'une et à l'autre, cette question devient sans intérêt pratique.

Les Cures, les Évêchés, les Cathédrales, les Chapitres Cathédraux et Collégiaux peuvent aussi posséder des biens.

Il en est de même des églises Protestantes et des Synagogues juives.

L'Université de France peut de même être propriétaire.

Enfin cette énumération doit aussi comprendre les Hospices, les bureaux de bienfaisance et les corporations religieuses reconnues par la loi.

FAUTES ESSENTIELLES A RELEVER.

P. 1	ligne 5 :	la sol	lisez : le sol
11	12 :	rapprochés	: rapprochées
29	11 :	*fundum*	: feudum
51	14 :	destinés	: destinées
65	4 :	toute autre	: tout autre
73	12 :	le 21 février	: le 20 février 1842
106	12 :	*tou'ix*	: *tonlix*
id.	14 :	les rentes mêlés	: les rentes, mêlés
117	17 :	les personnes	: les choses
119	9 :	d'une	: d'un
125	13 :	comme	: connu
125	19 :	Par quoi	: Pourquoi
136	15 :	il y a ici une erreur,	: M. proudhon dit que cette action est mobilière, nos 193, 196 traité du domaine privé.
138	4 :	*à la note: jus in rel* ajout.	: et le
142	14 :	fortune sitôt	: fortune ; sitôt
153	1 :	ligne	: Ligue
156	10 :	répondant	: repondent
167	15 :	des dans la mémoire hommes	: dans la mémoire des hommes
172	5 :	l'on	: l'ont
175	13 :	nos	: mes
193	20 :	vendu, il	: vendue, il
194	3 :	œuvres	: ouvrages
200	5 :	en	: un
212	22 :	un	: une
224	8 :	riviéra nvigables	: rivières navigables.

www.ingramcontent.com/pod-product-compliance
Ingram Content Group UK Ltd.
Pitfield, Milton Keynes, MK11 3LW, UK
UKHW020547180726
13838UKWH00001B/81